GUIDE

DE BORDEAUX A LA MER

BIBLIOTHÈQUE DES BATEAUX A VAPEUR

GUIDE

DE

BORDEAUX A LA MER

PAR

P. CHAREAU & G. MAILLÈRES

Illustrations de E. Piganeau, — Gravures de Gouillaud

BORDEAUX

TYPOGRAPHIE AUGUSTE LAVERTUJON

Rue des Treilles, 7

1865

ITINÉRAIRE

DE BORDEAUX A LA MER

INTRODUCTION

Le Rhin, la Seine, la Loire et le Rhône ont leurs historiens.

Les voyageurs qui descendent ou remontent le cours de ces fleuves trouvent, dans des publications spéciales, d'utiles renseignements et d'intéressantes descriptions.

L'histoire, la chronique, la légende même ont, tour à tour, éclairé les points les plus saillants de leurs rives, livrant ainsi à la mémoire d'importants ou agréables souvenirs, à mesure que se déroulent sous les yeux des sites remarquables, des vues gracieuses et pittoresques.

La Garonne, qui, des Pyrénées à la mer, se grossit de nombreux affluents; qui tantôt arrose de fertiles plaines et tantôt baigne le pied de coteaux renommés par les meilleurs et les plus nombreux produits de notre viticulture; la Garonne, dont les eaux confient à l'Océan, pour les transporter sur tous les points des deux hémisphères, les vins les plus exquis du sol bordelais, — la Garonne n'a point encore été l'objet d'une étude à la fois historique, topographique et synoptique.

Les essais tentés jusqu'à ce jour, bien qu'ils aient une certaine valeur, n'offrent que des indications incomplètes ou sommaires. Ils ne présentent pas, dans leur succession, l'ordre méthodique ou analytique dont ne doit jamais s'écarter l'ouvrage destiné non seulement à guider le voyageur dans la route à suivre, mais à lui présenter, comme jalons indicateurs, les sites, les monuments, les établissements dont l'apparition successive sollicite naturellement sa curiosité.

Le titre de cet ouvrage indiquant tout d'abord le genre de locomotion dont celui-ci trace l'itinéraire, il serait inconsidéré de préconiser les avantages de la nouvelle publication, que ses auteurs n'ont d'ailleurs envisagée qu'au point de vue de l'utilité. Le temps et l'expérience leur enseigneront si l'œuvre qu'ils offrent au public a atteint le double mérite d'une production joignant l'agréable à l'utile.

Quoi qu'il arrive, les publicateurs de *Bordeaux à la Mer* ont jugé indispensable, avant d'entrer en matière, d'exposer ici le plan de ce livre, ou, mieux, de le faire précéder de l'exposé concis des chapitres dont il se compose, et qui, croient-ils, sont de nature, par leur enchaînement et leur succession, à provoquer l'intérêt des voyageurs que la belle saison, les affaires ou les prescriptions hygiéniques forcent de descendre ou de remonter la Gironde.

Cette publication, étant d'ailleurs susceptible d'améliorations et de modifications, recevra annuellement les unes et les autres, dans le cas où d'utiles observations et de bienveillantes communications seraient adressées à ses auteurs.

Voici l'ordre dans lequel les matières de *Bordeaux à la Mer* se présenteront :

1° Histoire de la ville de Bordeaux ;

2° Description de la ville de Bordeaux. — Aspect ancien. — Augmentation territoriale pendant le moyen-âge. — Établissements fondés sous les règnes de

Louis XIV et de Louis XVI. — Temps modernes : Prospérité commerciale et industrielle. — Lettres et arts : Situation actuelle;

3° Monuments religieux et civils;

4° Notice sur l'administration des bateaux à vapeur, dont le service régulier, étendu ou restreint selon la variation des saisons, transporte les voyageurs de Bordeaux à Royan et sur divers points des deux rives de la Gironde;

5° Tableau synoptique des heures de départ et d'arrivée, soit en aval, soit en amont du fleuve, précisant les lieux de *station* ou d'*escale*, avec l'indication des prix de passage et de fret pour chaque distance parcourue.

Ces renseignements authentiques sont dus à la bienveillance des propriétaires des bateaux à vapeur, dont la sollicitude est devenue proverbiale, et qui, grâce à une active et habile direction, ont su donner à leur administration une garantie de navigation à l'abri de tous dangers et de tous sinistres;

6° Itinéraire du voyageur sur chacune des deux rives : Renseignements spéciaux et locaux sur les propriétés agricoles et vinicoles et sur les établissements commerciaux;

7° Classification des vins de la Gironde, suivant la

qualité de leurs crûs et l'importance de leurs produits.

Tel est, en résumé, le plan de *Bordeaux à la Mer*. Pour en rendre la rédaction plus attrayante et plus intelligible, les éditeurs de ce volume ont fait illustrer les points les plus célèbres de la double ligne qu'ils ont scrupuleusement parcourue, afin de n'omettre aucun des accidents capables d'éveiller l'intérêt des lecteurs et de fixer l'attention des voyageurs qu'attirent dans le Bordelais la villégiature ou le commerce de produits universellement recherchés.

P. Chareau, G. Maillères.

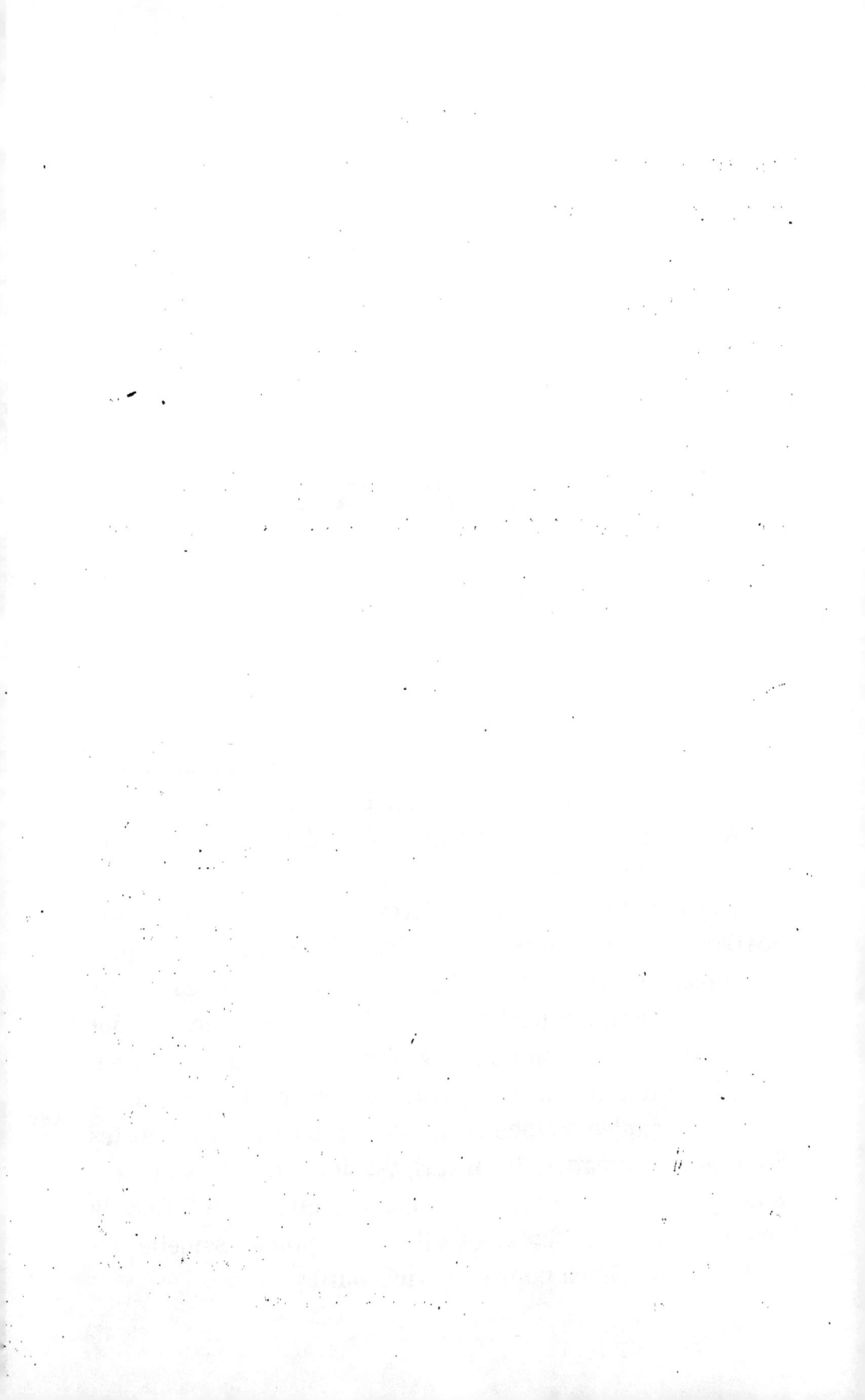

HISTOIRE DE BORDEAUX

Les origines du Bordelais sont peu connues. Cependant, les éminents travaux de M. Amédée Thierry sur les origines gauloises ont fait admettre généralement aujourd'hui que les Aquitains n'étaient pas de sang gaulois, mais bien de sang ibérien. Leurs aïeux furent des hordes de la tribu des Cantabres, qui, ayant franchi les Pyrénées à des époques inconnues, se maintinrent indépendantes, abritées par la Garonne, l'Océan et les Pyrénées. Mais Strabon, le premier auteur qui fasse mention de Bordeaux, nous dit qu'à l'endroit où la Garonne se jette dans l'Océan, ce fleuve délimitait deux peuples de race gaëlique, les Bituriges-Josei et les Santons. Cette nation des Bituriges, ajoute le même auteur, « est parmi les Aquitains une colonie étrangère; c'est la seule qui s'y soit fixée, et elle n'est point assujétie au même tribut. Elle a pour emporion Burdigala. »

Cette donnée une fois acquise, le lecteur ne doit pas s'attendre à trouver ici un cours d'histoire sur Bordeaux; ce travail nous ferait sortir du cadre et du but de ce livre.

L'histoire de Bordeaux est encore aujourd'hui à faire. Commencée par les Bénédictins en 1752, elle fut abandonnée et ne fut reprise qu'en 1771 par Dom Devienne. Cet historien mourut après la publication de la première partie de son ouvrage, qui n'a plus été continué depuis.

Nous nous bornerons donc à donner, dans leur ordre chronologique, les faits les plus saillants : tâche moins brillante, mais plus conforme au plan que nous nous sommes proposé.

16 Germanicus, à Bordeaux, fait le dénombrement des Gaules.

56 Saint Martial, le premier évêque de Bordeaux, y prêche le catholicisme.

268 Tetricus, gouverneur des Gaules, est proclamé empereur à Bordeaux; il est battu et détrôné par Aurelianus.

379 Le poète Ausone, né à Bordeaux, est créé consul romain par l'empereur Gratien, dont il avait été le précepteur.

414 L'Aquitaine est livrée aux Goths. Bordeaux est pillé par les Goths et les Alains. Bazas est assiégé.

418 Bordeaux devient la capitale de la seconde Aquitaine, après l'abandon de la Septimanie par Constance, général d'Honorius, à Wallia, roi des Visigoths.

506 Bataille de Vouillé. Clovis Ier, roi des Francs, défait les Visigoths et occupe tout le pays compris entre la Loire et la Garonne.

511 A la mort de Clovis, Bordeaux échoit en partage à Clotaire.

561 Clotaire meurt. Un de ses fils, Charibert, obtient en partage Paris et l'Aquitaine.

567 Mort de Charibert. L'Aquitaine est divisée entre les trois fils de Clotaire : Sigebert, Chilpéric et Gontran. Chilpéric reçoit en partage l'Aquitaine, le Berry, le Limousin, le Quercy, le Béarn, le Bigorre et Bordeaux.

628 Clotaire II, fils de Chilpéric, unit entre elles toutes les parties de la monarchie.

727 Élection d'Eudes, duc de Guienne, qui, battu par Charles Martel, appelle à son secours les Sarrasins d'Espagne.

732 Invasion des Arabes sous la conduite d'Abdérame. La Gascogne est ravagée et Bordeaux pris d'assaut.

780 Érection de Bordeaux et de Toulouse en comtés par Charlemagne, en faveur de son fils Louis le Débonnaire.

842 Charles le Chauve détache Bordeaux de l'Aquitaine pour l'unir au duché de Gascogne, dont cette ville devient la capitale et la demeure de ses ducs.

848 Des pirates *Northmans*, appelés par Pepin, remontent la Garonne et prennent Bordeaux, qu'ils livrent au pillage et à l'incendie.

1137 Éléonore de Guienne succède à son père Guillaume X, duc d'Aquitaine et de Gascogne, et épouse Louis VII le Jeune, roi de France.

1152 Répudiée par son mari, Éléonore épouse Henri Plantagenet, roi d'Angleterre, qui réunit sous son sceptre la Normandie, la Bretagne et le duché d'Aquitaine.

1169 Éléonore cède l'Aquitaine à son second fils, Richard Cœur de Lion, qui meurt en 1199, au retour de la troisième croisade, au siége d'un château-fort du Limousin.

1203 Jean sans Terre succède à Éléonore. Louis VIII de France, son neveu, soulève les barons d'Angleterre contre son autorité.

1216 Henri III d'Angleterre succède à Jean sans Terre dans le duché d'Aquitaine. Guerres avec Louis VIII et Louis IX, de France.

1259 Henri III abandonne la Normandie, le Maine et l'Anjou et se reconnaît vassal du roi de France pour la Guienne, le Limousin, le Périgord, le Quercy et l'Agenais.

1272 Mort de Henri III. Avènement d'Édouard Ier d'Angleterre.

1292 Édouard Ier refuse l'hommage au roi de France. Cité devant les pairs de ce royaume, il ne comparaît pas. Philippe le Bel confisque la Guienne.

1295 Bertrand de Goth, archevêque de Bordeaux, est élu pape sous le nom de Clément V. Il prononce au concile de Vienne la dissolution de l'ordre des Templiers. Les Annates datent de son pontificat.

1307 Règne d'Édouard II, fils d'Édouard Ier d'Angleterre. Reprise des hostilités entre la France et l'Angleterre.

1327 Règne d'Édouard III. Révolte des Écossais, soutenus par le roi de France, Philippe VI de Valois.

1339 Édouard III, poussé par Robert d'Artois, déclare la guerre à la France, dont il détruit la marine au combat naval de l'Écluse.

1361 Vaincu à la bataille de Poitiers et prisonnier des Anglais, Jean le Bon, successeur de Philippe VI, signe le traité de Bretigny, d'après lequel la France cède en toute souveraineté aux Anglais la Guienne française, et notamment le Périgord, le Limousin, l'Agenais, le Quercy, l'Aunis, la Saintonge et l'Angoumois.

1368 Révolte contre le prince de Galles, fils d'Édouard III, à cause des impôts qu'il fait peser sur la Guienne.

1370 Plaintes des seigneurs gascons contre les exactions de l'administration anglaise et du prince Noir. Charles V, prétendant que la Guienne est toujours un fief relevant de la couronne de France, cite Édouard III à comparaître devant les pairs. Sur son refus, Charles V confisque la Guienne pour cause de forfaiture; mais il échoue devant Bordeaux et Bayonne.

1377 Mort d'Édouard III. Richard II, fils du prince de Galles, lui succède au trône d'Angleterre et au duché de Guienne.

1399 Henri IV, petit-fils d'Édouard III, succède à Richard III. Charles VI de France donne la Guienne au Dauphin, à charge de réunion à la couronne.

1415 Henri V, fils et successeur de Henri IV, bat les Français à Azincourt, et épouse, cinq ans après, Catherine, fille de Charles VI de France.

1451 Charles VII profite de la prise de Fougères pour réclamer des indemnités à Henri VI d'Angleterre. N'ayant rien obtenu, ses généraux, les comtes de Dunois, de Penthièvre, de Foix et d'Armagnac s'emparent de la Guienne, de Bordeaux et de Bayonne.

1453 Talbot, survenu avec une armée anglaise, est battu et tué à la bataille de Castillon.

1469 Louis XI cède la Guienne à son frère, Charles de France; et, à la mort de ce dernier, la Guienne est définitivement réunie à la couronne de France.

1533 Naissance de Michel Montaigne. Rétablissement de l'école de Guienne, réputée par l'auteur des *Essais* la plus florissante et la meilleure de France à cette époque.

1548 Une révolte éclate à Bordeaux à l'occasion de la gabelle que le roi Henri II voulait y établir. Le connétable de Montmorency, envoyé pour comprimer la révolte, ne voulut entrer dans la ville que par une brèche faite aux murailles, après avoir exercé des actes d'une extrême cruauté contre tous ceux qui avaient pris part à la révolte. Il ordonna, en outre, que cent vingt bourgeois, vêtus de deuil, iraient déterrer avec leurs ongles le cadavre de Tristan de Monneins, lieutenant du roi de Navarre, qui avait été tué dans ce soulèvement, et l'enseveliraient dans l'église de Saint-André. Enfin, il interdit le Parlement, enleva à Bordeaux son droit de commune, en faisant raser l'Hôtel-de-Ville et mettre à sa place une chapelle expiatoire. Ce ne fut qu'en 1550 que le roi se laissa fléchir et accorda la rentrée du Parlement et l'exemption de la gabelle, moyennant 400,000 livres.

1581 Michel Montaigne est nommé maire de Bordeaux. Dix ans auparavant avait été créée la juridiction consulaire, qui se continue de nos jours sous le nom de tribunal de commerce.

1589 Le maréchal de Matignon, gouverneur de la Guienne, arrête la Sainte-Union bordelaise, reprend le château Trompette, et prépare ainsi la reconnaissance de Henri IV comme roi de France par le Parlement de Bordeaux.

1635 Révolte au sujet d'un impôt sur les vins, comprimée

par le duc d'Épernon et suivie, quelque temps après, d'une amnistie.

1648 Le duc d'Épernon ayant permis une exportation de grains au moment où une mauvaise récolte présentait la famine comme imminente, occasionne un soulèvement populaire.

1650 Le comte de Lusignan se met à la tête de la Fronde bordelaise contre Mazarin, s'empare du château Trompette et finit par attirer dans les murs de Bordeaux la princesse de Condé. Dominé par le peuple, le Parlement s'engage à le défendre contre le despotisme de Mazarin. Les troupes royales, commandées par le maréchal de la Meilleraie, viennent mettre le siége devant Bordeaux. Battu à La Bastide et à la porte Dijeaux, Mazarin n'obtint l'entrée de Bordeaux qu'au prix d'une amnistie générale. Telle fut la première période de la Fronde bordelaise; la seconde éclata à l'arrivée du prince de Condé, qui, sorti de la Bastille, venait de recevoir le commandement de la Guienne. Elle se continua en 1652 et 1653, sous le commandement du prince de Conti. Alors s'organise à Bordeaux la faction de l'Ormée, pour neutraliser les projets de Condé, qui allaient jusqu'à appeler les Anglais en France. Mais la bourgeoisie, qui ne voulait pas plus des Ormistes que des Ligueurs, appelle l'armée royale, qui entre dans la ville et met à mort le chef des Ormistes. Une convention est conclue pour la pacification de la ville, et le roi accorde aux habitants une amnistie générale.

1675 Révolte à l'occasion des impôts mis sur les ustensiles d'étain fabriqués à Bordeaux, et pour empêcher l'introduction du papier timbré dans cette ville. Le Parlement, venant en aide au maréchal d'Albret, arrête la révolte en rendant un arrêt par lequel très humbles remontrances seront faites au roi pour le supplier de couvrir cette rébellion d'une amnistie. Tout était rentré dans l'ordre; mais quelques mois après, par ordre du roi, dix-huit régiments furent envoyés à Bordeaux. Alors, le maréchal d'Albret, après avoir désarmé les habitants, fit connaître la volonté royale. Sa Majesté maintenait l'impôt, exilait le Parlement à Condom, surchargeait la ville d'un impôt annuel de 15,000 livres, ordonnait, en outre, la démolition de deux portes de la ville et obligeait les bourgeois à nourrir les soldats, auxquels ceux-là furent abandonnés comme une population prise d'assaut. Ce ne fut qu'en 1690 que Bordeaux obtint la rentrée de son Parlement, en payant 400,000 livres. Le gouvernement construisait le fort Louis et augmentait le château Trompette pour contenir les habitants dans le devoir.

1789 Le 17 juillet, on apprend à Bordeaux les grands événements qui viennent de se passer à Paris, et qui ont ouvert l'ère à jamais mémorable de la Révolution française. Les députés envoyés par la ville à l'Assemblée nationale appartenaient en majeure partie à une aristocratie honnête et modérée, ayant à leur tête l'archevêque de Bordeaux, Mgr Champion de Cicé. Les actes de l'Assemblée furent à Bordeaux l'objet d'éloges unanimes, et tous ceux qui savaient écrire s'empressèrent de lui envoyer une marque d'adhésion. A la nouvelle de la prise de la Bastille, les citoyens formèrent une garde nationale, dont le dévouement ne tarda pas à être mis à l'épreuve. Le 15 mai de l'année suivante, 1790, on apprit qu'une collision sanglante avait éclaté à Montauban entre les partisans de la Révolution, presque tous protestants, et les amis de l'ancien régime, presque tous catholiques des plus zélés. Cinq dragons nationaux avaient été tués dans l'Hôtel-de-Ville, et soixante-cinq autres, grièvement blessés pour la plupart, se dérobaient dans les cachots du château royal à la fureur populaire. Aussitôt, la commune de Bordeaux invita les citoyens de Montauban à se réfugier dans son sein, en leur offrant asile, force, et tous les secours de la fraternité. En outre, un corps de quinze cents gardes nationaux et un détachement du régiment de Champagne, sous les ordres de M. de Courpon, reçurent ordre de marcher sur Montauban. Grâce à ces mesures énergiques, les prisonniers du 10 mai purent sortir vivants du château royal. Tel était l'esprit de la population bordelaise au moment des élections de l'Assemblée législative. M. Champion de Cicé et ses amis n'étaient plus à la hauteur des circonstances. Le premier avait, du reste, paru oublier ses commettants à l'Assemblée nationale en acceptant les fonctions de garde des sceaux de la couronne. Aussi le département de la Gironde, dont Bordeaux était le premier district, substitua-t-il à ceux-ci Vergniaud, Guadet, Gensonné, Ducos, Grangeneuve et Fonfrède. Leur talent d'orateurs et leur patriotisme ne tardèrent pas à les mettre, dès leur arrivée à Paris, à la tête de ce parti qui porta si haut et si noblement, même dans sa chute, le nom de la Gironde.

1793 Bordeaux, tout en approuvant, comme les autres villes du midi de la France, le coup qui venait de frapper la royauté, décréta la formation d'un corps de volontaires nationaux de cinq cents hommes, pour être envoyé à Paris et mis à la disposition de la Convention. A la nouvelle de la chute des Girondins et de leur proscription, toutes les sections de Bordeaux, sauf la section Franklin, prirent spontanément les armes contre la Montagne. La Convention envoya à Bordeaux Talien et Julien, qui désarmèrent les citoyens et organisèrent la Terreur. L'échafaud en permanence sur la place Dauphine, les compagnies de Talien arrêtant les hommes et les femmes pour leur faire embrasser le bonnet rouge, la vie, l'honneur des citoyens livrés aux passions les plus sauvages, voilà comment Bordeaux reçut la récompense de son patriotisme et du dévouement de ses enfants pour la liberté de la France.

1798 A cette époque commence à se développer à Bordeaux l'institut royaliste conduit à Paris par Hyde de Neuville et Pichegru. Le complot fut découvert, et cette association fut dissoute, mais non détruite.

1804 Le règne de Napoléon Ier et ses mesures politiques eurent pour effet de ruiner Bordeaux, en fermant la mer à ses navires. Aussi le haut commerce et la bourgeoisie aspiraient à un autre ordre de choses, tandis que le peuple, abondamment pourvu de travail et de gloire, tenait pour l'Empire.

1814 Deux versions également accréditées se sont répandues sur les événements dont Bordeaux fut témoin à cette époque. Nous empruntons aux documents récents publiés par M. Chauvot, dans son remarquable ouvrage : le *Barreau de Bordeaux,* l'opinion à laquelle nous nous rallions. Abandonnée par les autorités impériales qui étaient chargées de la défendre, trahie par un maire étranger, la ville de Bordeaux dut recevoir les Anglais. Mais on ne peut rendre la ville responsable de l'enthousiasme antipatriotique de ce magistrat, qui, foulant aux pieds sa croix d'honneur et les couleurs nationales, voulut se faire pardonner par les vainqueurs son exdévouement à la cause du vaincu. Le conseil de la ville resta étranger à cette démarche, et l'honneur national resta sauf. Cette trahison ne peut être imputée qu'à ceux qui en furent les fauteurs.

1815 A la nouvelle du retour de Napoléon de l'île d'Elbe, la duchesse d'Angoulême essaie une résistance inutile. Les grenadiers royaux sont battus au pont de Cubzac; le 60e de ligne et le 3e léger refusent leur concours et déclarent que si la duchesse fait tirer sur les troupes de l'empereur, ils tireront sur la garde nationale. Le 2 avril, la duchesse d'Angoulême part de Pauillac sur la corvette anglaise le *Wanderer*, et le général Clauzel prend possession de la ville au nom de Napoléon Ier.

La seconde Restauration ne s'accomplit pas à Bordeaux sans échafaud. Les deux frères, César et Constantin Faucher, qui n'étaient coupables que de fidélité au premier Empire, furent traduits devant un conseil de guerre présidé par le comte de Viomesnil, et condamnés à l'unanimité à la peine de mort. Ravez, appelé à les défendre, entacha une brillante carrière par un refus.

1830 Jusqu'à cette époque, le libéralisme avait fait, grâce

au talent et aux efforts de la presse, de tels progrès, à Bordeaux, que l'immense majorité de la population salua avec enthousiasme la révolution de Juillet. M. de Curzay, préfet de la Gironde, qui avait été mandé à Paris avec d'autres de ses collègues, était rentré à Bordeaux le 27 juillet, et le 29 du même mois, il fit afficher les ordonnances. Une sourde agitation régna dans Bordeaux dans la journée du 30. Le 31 au soir seulement, on apprit les événements de Paris. Aussitôt des rassemblements se forment; d'honorables habitants, qui avaient demandé au préfet de se concerter avec lui pour calmer l'effervescence générale, ne furent pas même reçus. Alors le peuple enfonce les portes de la préfecture, qui est livrée au pillage, se saisit de M. de Curzay et l'entraîne à coups de barre de fer vers l'église Notre-Dame, pour lui faire faire amende honorable. Protégé par des citoyens qui ne voulaient pas que la liberté fût souillée par un crime, M. de Curzay fut caché chez l'un des plus honorables notaires de la ville que la proscription légitimiste envoyait à Angers pour cause de libéralisme. Ce notaire trouva d'abord un asile dans les Landes à M. de Curzay, auprès de M. de Sauvage; mais, reconnu par les populations, M. de Curzay dut revenir à Bordeaux. Enfin, grâce au dévouement de ses ennemis politiques, M. de Curzay put se rendre à Poitiers, sa patrie. Il fut remplacé à la préfecture de la Gironde par M. Barennes, administrateur et magistrat éminent, dont Bordeaux vient d'éprouver récemment la perte.

Ici s'arrête notre tâche.

Nous désignerons à nos lecteurs qui, désireux de s'instruire sur l'histoire de Bordeaux, voudraient recourir aux sources où nous avons puisé nous-mêmes, les ouvrages suivants :

Statistique de la Gironde, par Jouannet;

Complément de Statistique, par M. Lamothe;

Histoire de Bordeaux, par Dom Devienne;

Tableau de Bordeaux et le *Viographe bordelais,* par Bernadeau;

Les *Villes de France,* par M. Aristide Guilbert;

La *France pittoresque,* par M. A. Hugo;

Bordeaux sous Louis XVI, par M. H. Ribadieu.

Nous devons mentionner la bienveillance toute spéciale avec laquelle M. Gergerès, l'érudit bibliothécaire de la ville, a bien voulu mettre à notre disposition tous les documents qui pouvaient nous être nécessaires.

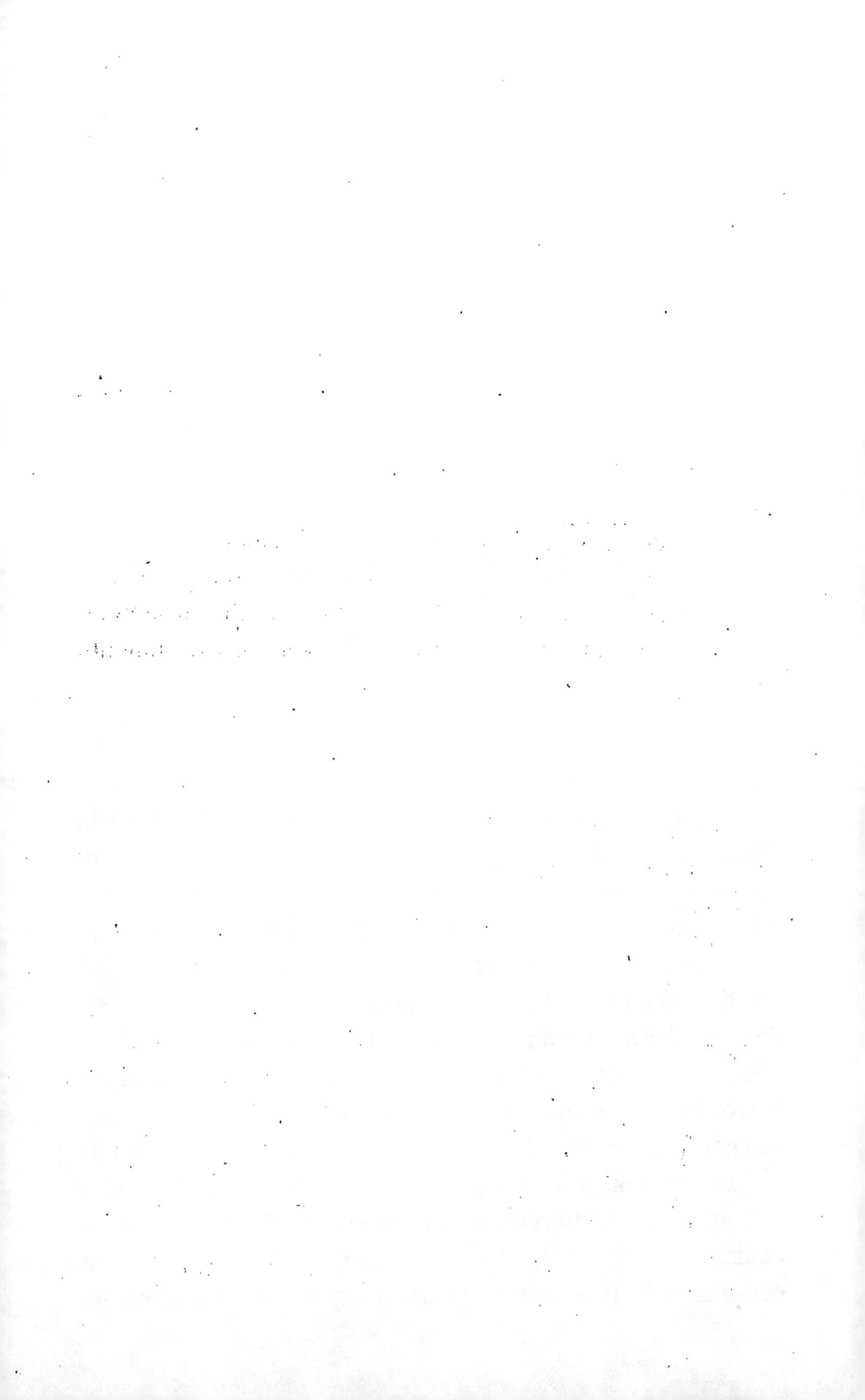

SITUATION ET ASPECT GÉNÉRAL

Bordeaux *(Burdigala)*, chef-lieu du département de la Gironde, siége d'un archevêché, de la quatorzième division militaire, d'une Cour impériale, d'une Académie universitaire, d'une Faculté des sciences et d'une Faculté des lettres, est situé sur la rive gauche de la Garonne, par les 44° 50' 19" de latitude, 2° 54' 56" de longitude occidentale, méridien de Paris, à cinq cents kilomètres sud-ouest de Paris (cinq cent cinquante-huit par Orléans). La population de l'arrondissement de cette grande ville, y compris celle des communes suburbaines qui y sont annexées depuis le 1er janvier 1865, s'élève à plus de deux cent mille habitants.

Quoique de nombreuses recherches aient été faites pour constater l'origine de Bordeaux, ses historiens n'ont rien établi de certain à cet égard ; mais ce que l'on peut affirmer, et ce sur quoi tous les écrivains et les archéologues sont généralement d'accord, c'est que Bordeaux existait dès le temps d'Auguste.

De l'invasion des Vandales, qui remonte au cinquième siècle, jusqu'au sac par les Normands, en 857, Bordeaux, à consulter tous les monuments historiques, ne compte que de successifs revers et des désastres. Lorsque Charles le Chauve l'échangea contre la Neustrie, en la débarrassant des Normands, il trouva la ville occupée par une population misérable et mutilée par les coups sanglants de ses oppresseurs. Bordeaux ne recouvra son entière indépendance et ne prit l'aspect d'une capitale qu'après le mariage d'Éléonore avec le comte d'Anjou, plus tard roi d'Angleterre sous le nom de Henri II.

C'est à dater de cette époque que s'élargit la ceinture murale de Bordeaux. L'enceinte des Romains ne renfermait que trente-quatre hectares; celle de Henri II en comptait quarante-trois.

Sous le règne des Édouard, un accroissement plus considérable eut lieu par l'annexion de terrains considérables, des couvents et des églises situés hors des murs. Alors, la superficie entourée de murailles mesurait environ cent quarante-huit hectares.

Cet agrandissement, opéré sous la domination anglaise, quoiqu'il donnât à la ville une étendue relativement considérable, en modifia peu l'aspect. A part les monuments religieux et quelques demeures seigneuriales, toutes les maisons étaient construites en bois. Malgré la transformation générale amenée par les temps modernes, les quartiers de Saint-Michel et de l'ancien Palais, autrefois le centre du commerce et des richesses, offrent encore quelques gothiques constructions, dont la décoration extérieure se fait remarquer par leurs étages saillants, que termine un toit pyramidal; par l'enjolivement de moulures, de feuillages, d'animaux fantastiques, sculptés sur les poutres et les jambages.

Mais, vers le milieu du seizième siècle, on commença à remplacer les maisons en bois par des constructions en pierre, toutes élevées sans alignement régulier. Des rues étroites, des places irrégulières, des promenades à difficile circulation donnaient à la ville l'aspect de ces cités antiques où les habitations, resserrées et juxta-posées sans ordre, sans précision, formaient une masse compacte de demeures entassées les unes sur les autres, en dépit de l'hygiène et de la salubrité publique.

Bordeaux n'était donc encore qu'un amas confus de maisons; son port n'était qu'une suite d'échoppes adossées aux murs d'enceinte, environnés eux-mêmes de cloaques. Il n'existait au dehors qu'une seule route praticable.

A partir du commencement du dix-huitième siècle, l'administration publique porta son attention sur les intérêts matériels des habitants des villes. Jusqu'alors elle s'était peu occupée de la voirie et des moyens de salubrité que réclament tout d'abord les grands centres de population. Du règne de Louis XV datent les premières améliorations, qui eurent pour effet de rendre la résidence des cités plus saine et plus agréable.

Bordeaux ne fut pas la dernière des villes à entrer dans la voie de ces améliorations. Les maisons en bois tombèrent successivement, et l'usage de la pierre fut généralement adopté. Les principales rues prirent plus de largeur. On comprit l'importance des longues artères, dont le prolongement a toujours pour effet de donner plus de débouchés à la circulation, et de déterminer par de prompts moyens de communication le rapprochement entre les points extrêmes de quartiers très éloignés les uns des autres.

Enfin, la nomination, en 1743, d'Aubert de Tourny à l'intendance de la Guienne, eut le double avantage de faire connaître et de faire apprécier un des plus habiles administrateurs dont la France ait pu se glorifier, et le transformateur heureux d'une cité gothique, insalubre et — dans de certains quartiers — inhabitable, en une grande et superbe ville.

Assainir et embellir Bordeaux, tel fut le résumé d'une étude approfondie des lieux, et tel fut aussi le plan qu'il adopta.

Étendre la ville au delà des fortifications anglaises; lui donner un aspect riant; établir de nouvelles lignes destinées à recevoir de futurs embellissements; tracer le cours d'Albret, les longues et larges percées qui, des deux extrémités de ce cours, conduisaient à l'ancien chemin du Roi et aux terres des Bordes, tels furent les premiers travaux qui, entourant les anciens remparts, devaient former, avec le grand arc de la Garonne à l'est, la nouvelle enceinte projetée par le génie du célèbre intendant.

Résumons en peu de mots et par des désignations exactes les immenses travaux dus à l'activité dévorante du grand administrateur auquel la ville de Bordeaux doit sa première illustration :

Les cours d'Albret, de Tourny et du Jardin-Public;

Six places entourées d'édifices symétriquement réguliers :

La place des Capucins, bâtie en 1746;

La place d'Aquitaine, commencée à cette dernière époque et finie en 1750;

La place Dauphine, commencée en 1746 et terminée seulement en 1770;

La place de Tourny, autrefois Saint-Germain, établie en 1749-1750, et sur laquelle on érigea, en 1825, la statue de l'homme illustre qui en avait arrêté le plan;

La place Royale, commencée en 1738 et terminée de 1744 à 1749;

La place de Bourgogne, dite aussi des Salinières, fondée de 1750 à 1754;

Six portes de ville, comparables à des arcs de triomphe :

La porte des Capucins, construite en 1744;

La porte d'Aquitaine, commencée en 1746;

La porte Saint-Germain (place de Tourny). Elle a été détruite;

La porte du Chapeau-Rouge. N'existe plus;

La porte de Bourgogne, érigée de 1750 à 1754;

Un jardin public;

Enfin, la longue et belle façade qui borde la Garonne depuis le palais de la Bourse jusqu'à l'extrémité du quai de la Grave.

Le grand mouvement imprimé à la rénovation matérielle de la ville eut pour effet immédiat de donner un rapide essor aux relations et aux opérations commerciales. La prospérité, qui durant plus de trente années avait couronné les entreprises des commerçants bordelais, donna, à son tour, une impulsion remarquable aux travaux de construction qui furent simultanément entrepris dans le quartier Sainte-Croix et aux Chartrons. Du centre aux extrémités de la ville, tous les efforts tendirent vers le même but : celui de faire de Bordeaux une des plus grandioses cités du royaume et un port commercial de premier ordre.

Ainsi, grâce à l'initiative d'un homme qui réunissait en lui les plus éminentes qualités d'un grand administrateur; grâce à son amour pour le bien public, à son génie, à son dévouement, aux immortels souvenirs qu'il a laissés, — Bordeaux ne s'est jamais écarté de la voie heureuse dans laquelle l'a engagé Aubert de Tourny. La ville féodale, que Charles VII et Louis XIV lui-même avaient enceinte de murailles et garnie de forteresses, s'est écroulée sous la force irrésistible du progrès, pour devenir, après Paris, la plus belle ville de France et l'un des centres les plus favorables aux transactions commerciales et aux expéditions transatlantiques.

L'étendue toujours croissante de Bordeaux, l'élévation des splendides monuments qui ornent les beaux quartiers du centre de la ville et offrent le brillant aspect que ne présentent point les capitales de beaucoup d'États de l'Europe, ont eu pour conséquence naturelle le développement du sentiment artistique. Ainsi, la fondation d'établissements et d'institutions indispensables à la culture des lettres et des arts furent le complément heureux des améliorations que nous avons succinctement mentionnées.

Les actes et le gouvernement de Louis XVI attestent toute la sollicitude de cet infortuné monarque pour l'ancienne capitale de la Guienne. C'est à son règne qu'il faut faire remonter la création de l'Académie de peinture, du Musée, du Grand-Théâtre et d'institutions philanthropiques de tout genre.

Avec de tels éléments et d'aussi profonds souvenirs, une grande cité ne peut rien perdre de la grandeur qu'elle a primitivement acquise. Mais Bordeaux, ayant eu à subir les chocs violents de la tourmente révolutionnaire, se trouva contraint de s'arrêter un moment sur la voie progressive qu'il avait jusqu'alors rapidement parcourue. Cependant, aussitôt que la tempête fut calmée, il se hâta de donner une nouvelle vie, une nouvelle prospérité aux créations fécondes qui avaient déjà établi sa réputation dans le mouvement littéraire, artistique et industriel auquel la fin du dix-huitième siècle avait, à son tour, donné une générale impulsion.

S'il n'entre pas dans notre plan de présenter ici la longue énumération de toutes les institutions créées dans le but de faire progresser, à Bordeaux, les lettres, les sciences et les arts, il est de notre devoir de fixer nos lecteurs sur l'importance des fondations que la prévoyance des administrations passées et présentes ont accumulées pour préparer à la jeunesse studieuse de la population girondine l'accès des professions libérales.

En première ligne, il convient de citer les établissements dus à l'initiative et à la réglementation de l'État. Ce sont :

Une Académie universitaire;

Une Faculté de théologie (une des plus célèbres de la France);

Une Faculté des lettres;

Une Faculté des sciences;

Une École préparatoire de médecine;

Une Institution impériale des sourdes-muettes.

L'édilité municipale a fondé :

Une Bibliothèque;

Un Musée;

Un Observatoire;

Une École de peinture et de dessin;

Des Cours publics de chimie et d'agriculture, appliquées aux arts et à l'industrie;

Un Jardin botanique;

Un Cabinet d'histoire naturelle;

De magnifiques serres renfermant une riche collection d'arbres et de plantes exotiques.

Diverses associations, autorisées et protégées par le gouvernement et par les autorités municipales, ont fondé des institutions secondaires ou complémentaires de celles qui précèdent, et parmi lesquelles on distingue :

La *Société des Amis des Arts,* fondée en 1808, et dont les brillantes expositions annuelles justifient de plus en plus l'heureuse création ;

La *Société d'Agriculture ;*

La *Société d'Horticulture,* formée en 1839, et qui, chaque année, comme la précédente, expose les produits les plus remarquables des horticulteurs ;

La *Société philomathique,* la plus ancienne des créations modernes, fondée en 1808, dans le but principal d'un enseignement élémentaire et professionnel en faveur de la classe ouvrière ;

La *Société linnéenne ;*

La *Société des Sciences physiques et médicales ;*

La *Société de Sainte-Cécile,* institut musical établi sur les bases du Conservatoire de Paris : classes de solfége, de chant, de piano, de violon et de violoncelle ; concours annuels et distribution de prix dans chacune des classes.

Du rapide aperçu qui précède, on peut conclure l'importance de la ville de Bordeaux. Si elle n'a pas l'étendue de Marseille et de Lyon ; si le chiffre de sa population est inférieur à celui de ces deux grandes cités, la nouvelle enceinte, dont les travaux se poursuivent avec une louable activité, et qui partant, sur la rive droite, du pont de Brienne, se prolonge bien au delà de Bacalan ; l'annexion de La Bastide et l'immense territoire situé sur la rive gauche de la Garonne, désormais enclavé dans ses limites, auront, dans un prochain avenir, augmenté considérablement sa surface et le nombre de ses habitants : de telle sorte que, sous ce double rapport, le chef-lieu de la Gironde n'enviera rien aux chefs-lieux des Bouches-du-Rhône et du Rhône.

La gravure que nous avons placée sous les yeux de nos lecteurs leur donnera une idée générale de l'admirable situation de Bordeaux, de l'étendue de son port, de la largeur et de la longueur de ses quais. Cette vue grandiose, dont la courbe que décrit la Garonne complète le magnifique aspect, ne nous a point paru suffisante pour l'édification des voyageurs qu'attirent sans cesse dans notre belle ville le mouvement considérable des affaires commerciales et industrielles. Nous la jugeons surtout insuffisante pour ceux de nos lecteurs qui ont le désir de connaître une cité aussi illustre par de glorieux souvenirs que par les hommes célèbres auxquels elle a donné le jour, et par les monuments splendides qui la décorent.

Cette dernière pensée nous a dicté le chapitre suivant.

MONUMENTS ANCIENS

Sous la domination romaine, Bordeaux était ceint de murs de quatorze pieds d'épaisseur, dont la partie supérieure était couronnée de pierres taillées avec soin et entremêlées d'un triple rang de grandes briques. On entrait dans la ville par quatorze tours, dont quatre s'ouvraient au nord, quatre au midi, trois au couchant et trois au levant. Ses remparts comprenaient dans leur circuit un port spacieux, que fermait vis-à-vis la rue Sainte-Catherine la porte Navigère. Devant ce port intérieur s'étendait le magnifique croissant tracé devant la ville par la Garonne, et qu'on appelait le port de la Lune.

Les marais bordaient la ville à l'ouest, et au nord une sombre forêt de cyprès s'élevait sur les hauteurs qui dominent l'autre côté de la Garonne, et que rappelle encore aujourd'hui la dénomination de Cypressat.

A cette époque, Bordeaux fut orné par les Romains de nombreux monuments : le temple de Tutelle, les Thermes, le Palais-Gallien et le temple de Vermenet.

Piliers-de-Tutelle. — Le temple de Tutelle, ainsi que le révèle une inscription découverte en 1590 dans les décombres de l'ancien château Trompette, était consacré à l'empereur Auguste et au génie tutélaire de Bordeaux. Les dépouilles des habitants étaient mises sous sa protection.

Il ne subsiste plus rien du temple de Tutelle; on sait seulement que c'était un vaste péristyle ouvert sur ses quatre faces, reposant sur une crypte voûtée, sur l'aire de laquelle on montait par vingt-une marches. Là s'élevaient vingt-quatre colonnes d'ordre corinthien, d'un mètre et demi de diamètre sur douze de hauteur. Au dessus régnait un autre ordre d'architecture, avec des ouvertures correspondantes à chacune de ces colonnes, et séparées, à l'intérieur comme à l'extérieur, par autant de cariatides, toutes au dessus de grandeur naturelle.

Ruiné par le temps et la guerre, il ne restait debout de ce temple que seize colonnes lorsque l'architecte Perrault vint en relever le plan, pour en orner son édition de Vitruve.

Ce monument fut complètement démoli en 1677, pour agrandir l'esplanade du château Trompette.

Palais-Gallien. — Deux versions principales se disputent l'honneur de la dénomination de ce monument. Suivant l'une, l'empereur Gallien, qui gouvernait l'Empire romain de l'an 260 à l'an 268 de J.-C., aurait jeté les fondements de ces arènes; suivant l'autre, Charlemagne, en revenant de combattre les Sarrasins en Espagne, aurait fait bâtir ce palais pour Galiène, fille de Galastre, roi de Tolède. Cette dernière version, qui repose sur un fabliau du moyen-âge, ne paraît pas, selon nous, être véridique. Ce monument porte un cachet d'architecture gallo-romaine qui ne laisse aucune place à la fiction, quelque poétique qu'elle puisse être.

Palais-Gallien.

Ce vaste monument, connu dans les anciens titres sous le nom de *las Arenas* (les Arènes), pouvait contenir quinze mille spectateurs. Il était construit en petites pierres carrées, entrecoupées de longues briques épaisses, symétriquement arrangées. Sa forme était elliptique; six murs le divisaient en cinq enceintes, dont la plus centrale, l'arène, avait soixante-dix-neuf mètres de long sur cinquante-six de large. L'intérieur de l'amphithéâtre renfermait les galeries, les escaliers, les loges des bêtes féroces et les habitations des rétiaires. Les galeries étaient au nombre de quatre, dont deux au rez-de-chaussée et deux au dessus; elles régnaient dans tout le pourtour du monument et avaient vingt pieds de hauteur. Le style de l'édifice était toscan.

Environ un tiers du Palais-Gallien restait sur pied lorsque le terrain sur lequel il s'élevait fut vendu, en 1795. Ce vandalisme ne s'arrêta que devant l'arrêté de M. Thibaudau, premier préfet de la Gironde, du 17 octobre 1800, qui conserva à la cité les quelques restes qui se voient encore aujourd'hui, et qu'une municipalité plus intelligente que ses devancières cherche à utiliser dans l'intérêt de l'art.

Quant aux Thermes, il est difficile d'en préciser la place. Seulement, la découverte d'un pavé mosaïque faite au commencement de ce siècle, dans la rue dite du Manége, semble en avoir révélé la place.

Le temple de Vermenet n'est guère connu que de nom. Sur son emplacement s'élève l'église Sainte-Croix, qui commence la série d'architecture du moyen-âge.

Porte du Caillou. — Cette porte, construite en 1494, se voit, à gauche, sur le quai de Bourgogne, en descendant du Pont à la Bourse. On lui donne aussi le nom de porte du *Palais*, en raison de sa situation à l'entrée de l'ancien palais des ducs d'Aquitaine. Le nom de porte du *Caillou* lui vient de sa proximité du quai où abordaient les diverses embarcations qui fréquentaient le port. Ce quai lui-même prit le nom de quai du Caillou, parce qu'il fut, en raison de son utilité, le premier quai du port pavé en cailloux de rivière.

Le même quai, connu encore sous le nom de quai *Bourgeois*, fut primitivement réservé pour le débarquement des vins, que les bourgeois de Bordeaux pouvaient seuls faire entrer dans la ville sans être obligés au paiement d'aucun droit.

Porte du Caillou.

L'exactitude du dessin que nous plaçons ici donnera l'idée complète de la porte du *Caillou*, dont l'élévation mesure trente-quatre mètres.

Porte de l'Hôtel-de-Ville. — L'une des quatre tours placées aux angles de l'ancien Hôtel-de-Ville. Trois tourelles la surmontent. La plus élevée, celle du milieu, est terminée par une lanterne au dessus de laquelle un lion d'or sert de girouette. Sous l'arceau des trois tourelles est placée l'horloge de la ville, que masque un grand cadran. Dans le grand arceau se trouve placée la grosse cloche ou beffroi, sur laquelle on lit un distique qui apprend que cette cloche appelle aux armes, indique les jours et les heures, *chasse l'orage,* signale les réjouissances et porte secours aux incendies.

La base de cette porte date du milieu du treizième siècle. Elle fut découronnée et détruite en partie, en 1548, par le connétable de Montmorency, pour punir les auteurs et les complices de l'émeute populaire qui venait d'éclater à Bordeaux. Sa réparation eut lieu plus tard, en 1556 et en 1757. La grosse cloche ne fut montée au haut des tours que le 5 septembre 1775. Le poids de cette cloche est de soixante-dix-huit quintaux métriques. La porte dans laquelle elle est placée a une hauteur de quarante-un mètres.

Outre les deux portes, il en est quelques-unes dont le nom figure dans la nomenclature des monuments érigés à Bordeaux, et dont nous nous sommes bornés à donner une simple indication.

Parmi ces dernières figurent :

La *Porte de Bourgogne,* qui se trouve enface du magnifique pont dont nous parlerons plus bas. Elle reçut, au moment de son érection, le nom de *Porte des Salinières,* parce que c'était dans son voisinage que se déchargeaient les bateaux porteurs de sel. Le premier des deux noms lui a été donné par le duc de Bourgogne, fils de Louis XV, et ce nom elle l'a conservé jusqu'à nos jours. Démolie en partie, elle fut reconstruite et transformée en arc de triomphe, en 1807, pour le passage des troupes qui se rendaient en Espagne.

La *Porte d'Aquitaine,* connue aussi sous le nom de *Porte*

Saint-Julien, est du même genre d'architecture que la *Porte de Bourgogne.* Placée dans l'axe de la rue Sainte-Catherine, elle fait communiquer celle-ci avec la place Saint-Julien. En 1814, elle servit d'arc de triomphe aux Bourbons, que la chute de l'Empire avait rappelés en France. Sa hauteur est de dix-sept mètres vingt-cinq centimètres.

Porte de l'Hôtel-de-Ville.

La *Porte Dijeaux,* située entre la rue du même nom et la place Dauphine, date de 1748 et ne présente rien de remarquable. Cependant, depuis que, par une sage mesure, l'autorité municipale l'a dégagée récemment des constructions qui la reliaient aux bâtiments voisins de chacun de ses côtés, cette porte a pris un véritable aspect monumental, malgré l'espace restreint dans lequel elle se trouve resserrée.

MONUMENTS RELIGIEUX

Notre intention n'étant point de suivre dans leurs différentes manifestations tous les styles religieux, nous nous bornerons à présenter au lecteur les quatre basiliques auxquelles se rattachent de grands souvenirs historiques ou archéologiques : Sainte-Croix, Saint-Seurin, Saint-André et Saint-Michel.

Sainte-Croix. — Construite à la fin du règne de Clovis II, en 650, sur l'emplacement du temple de Vermenet, cette église fut ruinée, en 729, par les Sarrasins, et restaurée par Charlemagne, en 778; bouleversée de nouveau par les Normands, en 848, elle fut rétablie, en 902, par Guillaume le Bon.

Le portique extérieur est la partie la plus ancienne, et c'est sur elle que nous allons arrêter spécialement nos lecteurs.

Au milieu de la façade s'ouvre, sous un avant-corps en saillie, la porte principale, composée de cinq grandes arcades en retrait. A droite et à gauche, elle est accompagnée d'une grande niche, surmontée de deux autres plus petites. Tous les arcs, bâtis en plein-cintre, reposent sur des colonnilles portées par un soubassement. L'avant-corps a pour encadrement, de chaque côté, deux groupes de colonnes cannelées en hélice; chaque groupe est de trois colonnes.

Au faîte règne une corniche composée d'un filet lisse, d'un quart de rond et d'une grande gorge, couverts l'un et l'autre d'entrelacs sculptés avec soin; sur ceux de la gorge, à des distances égales, se détachent des feuilles d'acanthe d'un style large et sévère. Ces feuilles simulent des modillons; aux deux extrémités, elles sont remplacées par des sujets bizarres. Un toit de larges dalles, posées en recouvrement, rattache l'avant-corps au reste de la façade.

Sous les arcades de l'entrée, les angles saillants entre les colonnes sont décorés d'arabesques, d'enroulements, d'animaux fantastiques sculptés en demi-relief. L'archivolte des deux premiers cintres devait être enrichi de sculptures; il est même facile de reconnaître sur l'archivolte de la seconde arcade un zodiaque, et sur celui de la première arcade différents personnages. Il n'y a que cinq signes représentés; le quatrième est même fort mutilé. A l'imposte est une figure allégorique de l'Hiver; au dessus de cette figure, en suivant le cintre, figure le Capricorne, armé de cornes légèrement arquées, transversalement cannelées. Vient ensuite le Verseau, représenté par un homme, les bras tendus, versant une urne. Les deux autres signes sont mutilés; on peut reconnaître cependant la partie antérieure des Poissons et la partie postérieure du Taureau.

Les groupes sculptés sur les archivoltes des deux grandes

niches latérales sont au nombre de cinq sur l'archivolte à gauche, et de quatre sur l'autre. Les groupes de la niche à droite se composent de deux personnages, l'un enveloppé dans un vêtement, l'autre nu, armé de griffes aux pieds et aux mains, comme certains êtres fantastiques. Le premier porte la main droite sur une aumonière suspendue à son cou et tombant sur sa poitrine; sa tête est appuyée sur un coussin; près du coussin est placée une coupe ronde. L'autre a le genou gauche en avant et semble saisir le vêtement du premier.

Sainte-Croix.

Les groupes de l'archivolte de droite sont aussi semblables entre eux. Ils représentent une femme vêtue d'une tunique; sa tête repose sur un oreiller mosaïque; sa chevelure tombe sur sa poitrine en encadrant sa figure. La robe ouverte laisse voir ses deux seins. Des serpents montent, l'un à droite, l'autre à gauche de la femme, et semblent élever leur tête jusqu'au sein pour le sucer ; la femme presse d'une main chaque reptile. Un personnage fantastique, dont on ne voit bien que la tête et la griffe, pose cette griffe sur l'épaule gauche de la femme.

Tous ces bas-reliefs sont allégoriques, et c'est à tort que des traditions populaires les représentent comme des restes du paganisme.

L'église Sainte-Croix a été faite sur le plan de la croix latine ; elle a une longueur de cinquante-six mètres sur seize de large. Sa construction est de différents âges, et son clocher paraît être d'un temps antérieur au gothique.

Cette basilique est aujourd'hui en voie de réparation, et nous ne doutons pas que le talent et les saines traditions de M. Abadie ne conservent à l'architecture religieuse une de ses plus anciennes et plus éclatantes créations.

A côté de cette église, dans l'ancien couvent, a été établi, en 1794, l'Hospice des Vieillards, qui ne compte pas moins de deux cent cinquante indigents.

Saint-Seurin. — L'église actuelle, construite à la fin du dixième siècle, remplace une chapelle dédiée à saint Étienne, dont les restes se voyaient encore à la fin du siècle dernier, et dans laquelle saint Amand fit inhumer saint Seurin, son prédécesseur à l'épiscopat.

Le monastère de Saint-Seurin était célèbre en 826, époque à laquelle Louis le Débonnaire lui fit donation de la terre de Mechetz, en Saintonge. Arnaud d'Illac et Xans, comte de Gascogne, l'enrichirent de plusieurs revenus. En 1188, le pape Clément III sécularisa ce monastère. Ce chapitre séculier, ainsi institué, acquit de nombreuses possessions.

On voit dans l'histoire de Bordeaux que l'étendard des comtes était déposé à Saint-Seurin, et que l'on n'aurait rien osé entreprendre sans être venu l'implorer. C'est ainsi qu'Eudes, duc de Guienne, le duc de Lancaster, le Prince Noir reçurent dans l'église de Saint-Seurin les insignes de leur commandement. Jusqu'au seizième siècle, c'était dans cette église que les archevêques de Bordeaux faisaient leur entrée.

Quant à l'édifice, la forme de l'église Saint-Seurin est une croix latine, qui a été modifiée par l'agrandissement de la chapelle Notre-Dame. Il est composé d'une grande nef et de deux bas côtés étroits. Sa longueur, du seuil au fond du sanctuaire, est de soixante-quatre mètres; sa largeur, y compris celle des latéraux, est de seize mètres.

On pénètre dans l'église par deux portiques, situés au couchant et au midi.

Le 5 septembre 1699, une partie de la voûte s'étant écroulée, on la reconstruisit, mais sans rétablir l'ancienne porte du couchant. En 1828, on construisit celle qui existe aujourd'hui, laquelle, tout en s'harmonisant, n'en forme pas moins un contraste choquant avec le reste de l'édifice. Le portique méridional appartient au treizième siècle. Il se compose de trois arcades en ogive, dont celle du milieu, plus large et plus élevée, offre seule une entrée. Une rangée de colonilles, qui reposent sur un soubassement, supportent une galerie de quatorze statues. Chacune de ces statues représente un des Apôtres, reconnaissables à l'auréole qui les décore et aux signes qui les distinguent. Les deux statues complémentaires paraissent représenter les deux bienfaiteurs de Saint-Seurin dont nous avons parlé plus haut : Xans, comte de Gascogne, et Arnaud d'Illac. Deux colonilles séparent chaque statue de sa voisine. Le sujet qui domine le portique est le Jugement dernier. Dans le tympan, Jésus-Christ, assis sur un trône arrondi, les pieds appuyés sur un escabeau ogivé, tient une main élevée; l'autre, mutilée, tenait probablement la croix, dont la place est restée vide. A côté de sa tête, deux anges, les ailes déployées, portent les vêtements de la Passion; deux autres, debout au pied du trône, portent la lance et la couronne d'épines. Les six archivoltes qui entourent le tympan sont ornées d'arabesques et d'anses. Les uns portent des encensoirs, des parfums, ou se couvrent le corps de leurs ailes, dans l'attitude de l'adoration.

Au dessous de Jésus-Christ, dans la seconde partie du tympan, s'opère la résurrection des corps; les morts ressuscitent, les uns avec joie, les autres avec rage. Aux extrémités, on remarque deux anges sonnant de la trompette.

Au devant de ce portique, comme si tous les âges devaient s'y donner la main, on voit un porche de la Renaissance. Il se compose de trois arcades, d'une voûte surmontée d'une plate-forme et d'une rampe à colonilles et à clochetons.

Cette église renferme plusieurs monuments remarquables : son baptistère, la chapelle Notre-Dame, le trône épiscopal de saint Seurin, en pierre dentelée, que l'on remarque sur un des côtés de la sainte table, et du plus bel effet, malgré le badigeonnage dont l'ignorance l'a recouvert; les stalles du chœur, enfin, remarquables par le fini et la variété de leurs sculptures.

L'église Saint-Seurin renferme les reliques d'un grand nombre de saints, parmi lesquels nous trouvons les corps des deux évêques saint Séverin et saint Amand, les corps de sainte Bénédicte et de sainte Véronique, enfin une partie du bâton pastoral de saint Martial, l'apôtre de l'Aquitaine.

Cette dernière relique était l'objet d'une dévotion tout officielle. Dans les écrits de Bonaventure de Saint-Amable, en 1676, on trouve consigné le double miracle opéré par le bâton de ce saint : « Dans l'extrême sécheresse, y est-il dit, ce bâton est plus puissant que la verge de Moïse : il fait descendre les eaux célestes pour arroser les campagnes, et, dans l'inondation des pluies, il ferme les cieux. Pour accomplir ce double miracle, on porte processionnellement la relique de l'église Saint-Scurin à la fontaine Figueyrau. »

Saint-Seurin.

Mentionnons, en terminant, la partie la plus antique, sinon la plus curieuse, de l'église Saint-Seurin : nous voulons parler de l'église souterraine de Saint-Fort. C'était autrefois un oratoire dépendant de l'église Saint-Étienne. Elle a sa nef, ses bas côtés, son chœur et son sanctuaire. Au milieu de la nef était un autel qui a été enlevé pour démasquer le tombeau de saint Fort, placé derrière lui. Dans le sol de cette église souterraine, on remarque une infinité d'autres tombeaux, dont la description nous entraînerait t.op loin. Disons seulement qu'une antique pratique y conduit, le 16 mai de chaque année, les mères et les nourrices, qui présentent leurs nourrissons au tombeau du martyr, sans songer que le changement brusque d'atmosphère de la crypte et de l'église provoque le mal que l'on vient faire guérir.

L'humidité et l'étroitesse de l'église souterraine l'a fait remplacer, pour les exercices du culte, par la chapelle qui fait face à la porte méridionale. C'est une demi-rotonde, présentant pour façade l'ogive romane entre deux obélisques. L'inscription placée au dessus de l'ogive porte la date de 1804.

Saint-André. — Cette église métropolitaine, fondée au quatrième siècle, ruinée bientôt après par les barbares, restaurée sous Charlemagne, dévastée ensuite par les Normands et rétablie au onzième siècle, fut consacrée par le pape Urbain II, le 3 mai 1096. Elle a pour plan la croix latine, sans bas côtés ; mais, à partir de la croisée, la tête de la croix est entourée d'une allée, bordée d'un côté par treize hautes arcades s'ouvrant sur l'abside, et de l'autre par des chapelles, dont cinq répondent symétriquement aux arcades du sanctuaire. La nef de cette basilique n'a pas moins de soixante mètres de longueur sur vingt-sept mètres de hauteur ; la longueur de l'édifice est de cent vingt-six mètres.

On pénètre dans l'église par trois portes, situées au midi, au nord et au couchant. La porte du midi possédait autrefois un magnifique bas-relief, représentant l'Assomption de la Vierge, qui a disparu en 1793. Des deux côtés de cette porte s'élèvent deux tours carrées, qui devaient supporter deux flèches; mais la mobilité du terrain, que côtoient les eaux du Peugue, n'ont pas permis de les ajouter.

Le portail nord est encore aujourd'hui d'une très belle conservation; il s'encadre entre deux tours qui supportent deux magnifiques aiguilles jumelles. Ces deux flèches sont d'une parfaite ressemblance, et un dessin peut seul donner l'idée de leur prodigieuse légèreté. Ce sont les plus étroites en diamètre à la base, dans son rapport avec la hauteur, que l'art ogival ait produites. Elles sont percées à jour jusqu'au haut; leurs baies, circulaires à la base, sont ogivées au sommet; leurs flammes, décorées de crosses végétales, donnent de la légèreté, de la grâce à ces gigantesques aiguilles. Elles ont été, en partie, reconstruites en 1810. Le plus large évasement du portail nord occupe l'intervalle qui se trouve entre les piliers butants de chaque flèche. Il ne se lie pas avec eux et paraît leur être postérieur. Son cintre est une ogive en tiers point.

A partir de sa baie, il s'épanouit en trois voussures : la première, la plus rapprochée du tympan, est décorée de dix angles, placés sous des dais, cinq de chaque côté; la deuxième présente les douze Apôtres : saint Paul est le premier à gauche; ils ont pour la plupart leur attribut; saint André se reconnaît à sa croix; la troisième est décorée de saints de l'ancienne Loi : ils sont au nombre de quarante. Toutes ces statuettes sont très sagement fouillées et n'ont souffert aucune mutilation.

Le tympan est orné de trois bas-reliefs. Le premier, en partant du bas, est la Cène : saint Jean y est représenté penché sur le côté gauche du Christ. Ce travail, un des plus beaux de la sculpture gothique, est évidemment postérieur au quatorzième siècle. Le second bas-relief représente l'Ascension de Jésus-Christ, dont le sculpteur n'a représenté que la partie inférieure du corps, la tête et le buste dans un nuage; les Apôtres sont placés de chaque côté de la montagne, six à droite et six à gauche. Enfin, le troisième bas-relief représente le Triomphe du Christ, entouré des attributs de sa Passion. Deux anges couchés personnifient le soleil et la lune. Le soleil est représenté entouré de rayons contournés, et la lune par un disque aplati, sur lequel un croissant est en saillie.

Sur le pilier central est Bertrand de Goth (Clément V), porté sur un piédestal et couronné d'un dais; ses mains sont gantées; il a la droite levée; ses souliers sont un peu pointus et posés sur un coussin. Les six évêques, placés à droite et à gauche dans les niches à pieds droits, sont les portraits des six cardinaux que Clément V créa lors de son avènement au trône pontifical. Deux sont vêtus de chasubles à étoffes tombantes; deux portent des chappes; deux sont revêtus de la dalmatique à larges manches, fendue latéralement aux deux côtés et ornée d'une frange. Tous sont placés sur des coussins.

Sur le même côté de l'église est une ancienne porte de la nef, connue sous le nom de porte Royale, parce qu'elle ne s'ouvrait que pour l'entrée des rois et la prise en possession des archevêques ou leur inhumation. La baie est couronnée de quatre voussures ogivées et d'un tympan porté par un pied droit central, que décorait une statue d'archevêque. Les pieds droits renfermaient les statues des douze Apôtres, reléguées aujourd'hui dans le cloître dont nous parlerons plus loin.

Les quatre voussures représentent des anges, des docteurs, les saints de l'ancienne Loi, les patriarches et les prophètes. Le tympan de cette porte est de toute beauté; il représente le Jugement dernier. Dans le bas, les morts ressuscitent et soulèvent la pierre de leur tombeau; plus haut, le Christ est assis entre deux anges debout; la Vierge et saint Jean sont à genoux, avec deux anges à leur côté. Au dessus du Christ se trouvent huit anges, six debout, deux agenouillés; les deux autres tiennent le soleil et la lune, symbole de la nature accusatrice.

Saint-André.

Au dessus de cette porte régnait une galerie intérieure, où se trouvaient les statues des princes et princesses qui furent les bienfaiteurs de la basilique métropolitaine; elle est aujourd'hui disparue.

La porte du couchant, qui s'ouvre sur la place Rohan, est une simple percée pratiquée au travers d'une maison particulière. Cette porte, indigne du reste de l'édifice, a été plusieurs fois l'objet de projets de réédification, qui, malheureusement pour l'art et la dignité de la basilique métropolitaine, n'ont pas reçu d'exécution. Pour masquer la nudité de cette entrée, on a encastré dans le mur intérieur deux magnifiques bas-reliefs, représentant la Descente de Jésus-Christ aux limbes et son Ascension.

Cette église renferme plusieurs tombeaux remarquables : celui de M. Daviau du Bois de Sanzay, qui se trouve dans une des chapelles latérales du chœur, et celui du cardinal de Cheverus, son successeur à l'épiscopat; la statue qui le décore est l'œuvre d'un artiste de talent, M. Maggesi. Plusieurs tableaux de maîtres du moyen-âge ornent l'église. Mentionnons surtout le portrait de la Vierge, avec son cadre entouré de pierres précieuses, ainsi que le Christ janséniste qui est placé en face de la chaire.

Pour compléter cette description, il nous reste à parler du cloître de Saint-André et du clocher de Pey-Berland.

Le cloître, dépendant de la basilique, à laquelle il est réuni par une porte romane ouvrant sur l'une des travées sud de la nef, est digne à tous égards du monument principal. Situé autour d'une cour rectangulaire ayant vingt-six mètres de long sur dix-huit de large, il est soutenu par soixante colonnes; les arcatures en trèfle qui surmontent ces colonnes portent à croire que ces constructions datent de la fin du treizième siècle.

A quelques mètres de la basilique s'élève le clocher bâti en 1440 par Pierre Berland, archevêque de Bordeaux. Entourée autrefois de maisons particulières, cette tour vient d'être dégagée en grande partie et le sera bientôt complètement. Sa flèche, qui avait été détruite en 1793, vient d'être restaurée et surmontée d'une statue de Notre-Dame-d'Aquitaine.

Tout en rendant justice au sentiment religieux de cette restauration, nous ne pouvons nous empêcher de la trouver anti-artistique au premier chef, surtout la statue, qui est faite contre toutes les lois de la perspective sculpturale.

Mentionnons, en passant, que c'est sur le terrain situé entre la rue Vital-Carles et la rue Sainte-Hélène que s'élevait l'ancienne demeure des archevêques de Bordeaux, connue sous le nom de Doyenné. Remarquable par son antiquité, ce monument, comme tant d'autres, a dû céder le pas au progrès de l'alignement et de l'utilité publique.

Saint-Michel. — Cette église date du douzième siècle. Elle fut construite en 1160. Comme beaucoup de monuments élevés à cette époque, elle a subi, dans sa décoration intérieure et extérieure, des modifications et des augmentations qui en ont altéré l'ensemble et le caractère primitif.

Saint-Michel a la forme de la croix latine, avec latéraux. Sa longueur, du portail au transept, est de soixante-quatorze mètres; sa largeur, y compris les latéraux, est de vingt-trois mètres sept centimètres. La croisée a trente-sept mètres soixante-six centimètres de longueur.

Au midi, la façade latérale présente le côté d'un long parallélogramme, sans autre saillie que celle des contreforts. Au nord, la façade est polygonale, variée par plusieurs chapelles formant d'inégales saillies. Quelque bizarre que soit le plan de Saint-Michel, son rond-point, ses rampes extérieures, leurs pyramidelles et leurs ogives, les curieux détails du portail septentrional, l'intérieur même des trois nefs, tout rappelle les constructions du treizième siècle.

La partie la plus remarquable de cet antique édifice est, sans contredit, la chapelle de Saint-Joseph, un travail précieux de la Renaissance.

Saint-Michel.

Ainsi que Saint-André, Saint-Michel a un clocher isolé, œuvre du quinzième siècle. Sa tour, montée sur une base hexagone de douze mètres de diamètre, a quarante-trois mètres de hauteur. La flèche du clocher qui surmontait cette tour était de forme dodécagone; elle avait cinquante mètres de hauteur; mais elle fut renversée par un ouragan, le 8 septembre 1768.

Depuis cette date, la tour resta privée de sa flèche. En 1823, elle fut surmontée d'un appareil télégraphique, jusqu'au moment de l'établissement des télégraphes électriques.

Aujourd'hui s'opère la réédification de la flèche primitive. L'art et l'habileté des constructeurs modernes auront bientôt restauré et rétabli l'antique monument.

Sous la tour Saint-Michel est l'ancien charnier de la paroisse. Le sol, composé d'une terre sablonneuse, a la propriété de conserver les corps morts. La spéculation a longtemps tiré parti de cette circonstance, et les étrangers peuvent encore, au prix d'une rétribution de 50 centimes, voir dans un caveau, appuyés contre la muraille, un certain nombre de cadavres offrant des squelettes recouverts d'une peau semblable au vieux parchemin.

Espérons que cette hideuse exhibition sera définitivement interdite. Elle n'est ni de notre époque, ni dans nos mœurs.

Pour compléter notre travail, nous mentionnerons les basiliques suivantes :

Saint-Bruno, remarquable par l'originalité de sa façade et la beauté de ses peintures intérieures, exécutées en 1771 par le célèbre peintre Berinzago et Gonzalès, son élève, qui représentent différents épisodes de la vie du saint sous le vocable duquel cette église est placée.

Saint-Louis, bâtie en 1735, faisant partie du monastère des Carmes, fut érigée en paroisse, lors de la révolution de 1789. Il existe dans la sacristie un *Jésus au Jardin des Olives* d'une expression remarquable.

Notre-Dame, connue aussi sous le nom de Saint-Dominique, faisait partie du couvent des Dominicains, rebâti en 1707. En 1790, elle servit de club à la Société des Amis de la Constitution, et fut rendue au culte en 1798. Cette église possède des orgues renommées par la beauté de leurs sons.

Enfin, *Sainte-Eulalie,* consacrée en 1174, mais dont la fondation remonte à une époque antérieure. Remarquable par son architecture, elle renferme les corps de différents martyrs, transportés dans cette église par Charlemagne. Ces reliques sont, depuis 1624, portées processionnellement, chaque année, autour de la paroisse. On a reconstruit, en 1828, le porche de cette église, démoli par un tremblement de terre, ainsi que le porte une inscription placée sur un des côtés intérieurs.

MONUMENTS CIVILS

Grand-Théâtre. — A la tête des monuments civils de Bordeaux, il faut placer en première ligne le Théâtre, un des plus beaux de l'Europe au point de vue monumental. Bâti, sous Louis XVI, sur une partie de l'esplanade du château Trompette, d'après les dessins de l'architecte Louis, la première pierre en fut posée le 13 novembre 1773. « D'autres artistes, dit M. H. Ribadieu dans son *Histoire de Bordeaux sous Louis XVI,* contribuèrent, soit à l'érection de l'édifice, soit à la disposition et à l'embellissement de la salle. Nous pensons remplir un acte de justice en conservant le nom de quelques-uns d'entre eux.

» Ainsi, les travaux de construction furent dirigés par le sieur Dufart; le machiniste Niquet exécuta le mécanisme du théâtre et la coupe de la charpente.

» Le grand plafond de la salle, représentant un sujet allégorique, fut l'œuvre de Robin de Paris, peintre distingué de ce temps. Enfin, Titu et Vendandris s'occupèrent des sculptures; Berruer, sculpteur de Paris, leur fournit les modèles.

» Quinze décors complets furent exécutés à cette même époque et devinrent la propriété de la salle de spectacle.

» La liste en est assez curieuse pour que l'on trouve peut-être quelque intérêt à la connaître. — Elle pourra en même temps nous donner une idée de ce qu'était une mise en scène à la fin du dix-huitième siècle.

» Il y avait ce que l'on appelait :

» Le *Grand Palais,*

» Le *Salon,*

» La *Chambre rustique,*

» La *Place publique,*

» Le *Désert,*

» Le *Vestibule,*

» Et le *Palais brillant.*

» Ces premières toiles furent peintes par le célèbre Berinzago, décorateur particulier du spectacle.

» Les autres étaient désignées sous le nom de :

» La *Chambre de Molière,*

» Le *Temple,*

» Et la *Prison.*

» Celles-là furent produites par le peintre Lemaire.

» Ce fut le sieur Retou qui se chargea des cinq dernières, que l'on désignait ainsi :

» Le *Jardin,*

» Le *Hameau,*

» Les *Champs-Élysées,*

» La *Forêt,*

» Et l'*Enfer.*

» Tels étaient les décors qui devaient, pour ainsi dire,

compléter l'ameublement de la salle et satisfaire à toutes les exigences du répertoire. »

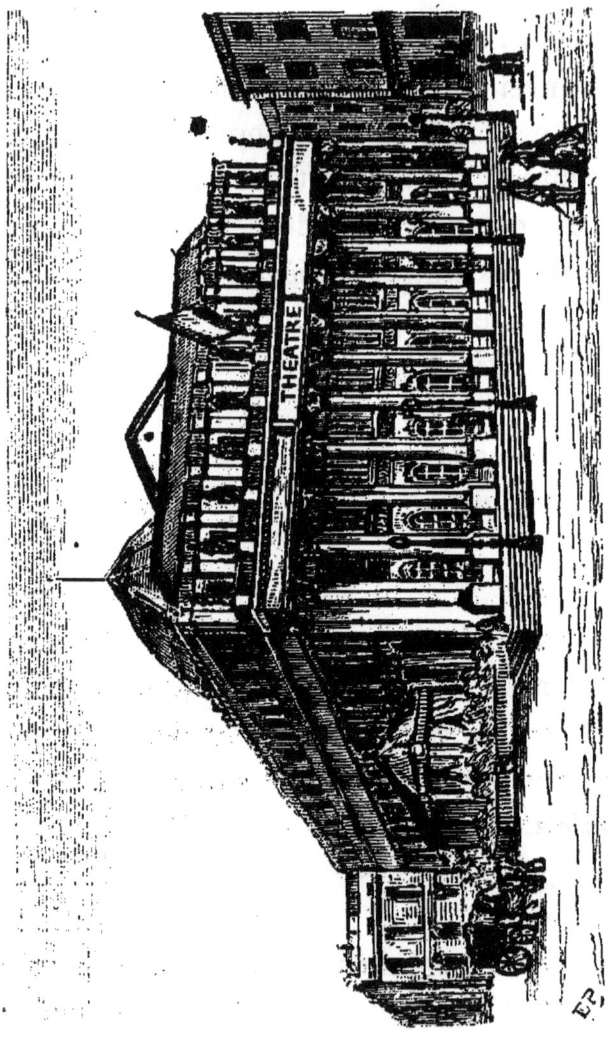

Grand-Théâtre.

Nous croyons devoir nous dispenser de donner une description plus détaillée de ce monument, si bien connu et apprécié de tous les amateurs de l'art.

Hôtels de la Bourse et de la Douane. — L'hôtel de la Bourse, cédé par le gouvernement à la ville de Bordeaux, était autrefois découvert. Ce ne fut qu'en 1830, et d'après les plans de Bonfin, que fut posé le vitrage actuellement existant. Des réparations et constructions nouvelles viennent d'être faites à ce monument par la Chambre de commerce.

Les anciennes sculptures des tympans, œuvre de Francin, que le temps avait tout à fait détériorées, ont été remplacées par de nouveaux frontons, œuvre de deux artistes bordelais, MM. de Coëffard et Jouandot, à chacun desquels la Société des Sciences et Belles-Lettres a décerné une médaille d'or.

« L'œuvre de M. de Coëffard, qui fait face à la place Richelieu, représente l'*union de l'Océan à la Méditerranée par la canalisation et les chemins de fer*. Une puissante figure d'homme domine le tableau, c'est l'Océan. Son corps, en partie recouvert d'une draperie, semble nous dire que nul encore ne le connaît tout entier. Le trident, sceptre de son empire, repose sur lui. Ses regards sont tournés vers la Méditerranée, et de sa main il livre carrière aux flots qui vont en baigner les pieds. La Méditerranée est représentée par une femme couchée nue et vue de dos; la tête appuyée sur la main, elle semble contempler l'Océan et attendre avec confiance le moment de leur rencontre. Une autre figure, moins grande, indique le Génie des sciences, des lettres et des arts; elle se dégage des obstacles qui la retenaient et paraît s'élancer de la Méditerranée vers l'Égypte, figurée par une momie couchée. Une locomotive, symbole d'activité et de progrès, prend la même direction.

» L'autre partie de ce tableau, à gauche, nous offre le *Génie du Commerce;* cette figure, qui s'appuie sur des ballots placés parmi des tonneaux, semble attendre la jonction des deux mers. Les deux navires, chargés d'emblèmes, qui surmontent le fronton, annoncent la toute-puissance de la marine commerciale, portant, sur tout le globe, l'agriculture civilisatrice, les sciences, les arts, les livres, les lois et la religion.

» Cette œuvre du sculpteur bordelais soutient heureusement le rapprochement avec une œuvre à peu près identique : celle de Francin, qui représente, dans le fronton voisin, la *jonction de la Dordogne à la Garonne.*

» Le fronton qui regarde le cours du Chapeau-Rouge, œuvre de M. Jouandot, représente la *Justice consulaire protégeant les arts, l'industrie, l'agriculture et le commerce.*

» La grande figure de cette composition, c'est celle de la Justice, drapée à l'antique : d'une main, elle tient les tables de la loi, et, de l'autre, elle étend, pour les protéger, sur le Génie de l'industrie et du commerce, le sceptre ou main de justice.

» Le premier de ces Génies, placé à droite, appuyé sur une enclume, a à ses pieds tous les attributs de l'industrie. Il regarde la Justice. Le Génie des arts, placé à gauche, a pour appui un chapiteau de colonne ionique. A droite, est encore un autre Génie : celui du commerce ou de la navigation, assis dans une barque, se disposant à quitter le port pour des contrées lointaines.

» A gauche, après le Génie des arts, on voit celui de l'agriculture. Un peu plus loin, cet ensemble est terminé par une corne d'abondance, qui répand sur la terre les fruits de nos contrées.

» Des deux trophées qui surmontent le fronton, l'un est formé par les emblèmes de la paix, l'autre est consacré à la guerre. »

Dans le local de la Bourse, se trouvent : le Tribunal et la Chambre de commerce, qui y furent installés, le 9 septembre 1749, par M. de Tourny, et une bibliothèque publique, où se trouve une collection rare et précieuse de documents sur le commerce de Bordeaux à tous les âges. Un cours de droit commercial y est professé par M. Goubeau, avocat.

L'hôtel de la Douane, bâti sur le même plan, à la même époque que la Bourse, et qui servait dans l'origine au service des fermes, a deux façades : l'une sur les quais, l'autre sur la place Royale.

Ses tympans, sculptés comme ceux de la Bourse, sont l'œuvre du sculpteur Wanderwort ; ils représentent Minerve protégeant les arts et Mercure protégeant la Garonne.

Entrepôt réel. — Cette lourde et massive construction, dont les distributions intérieures seules commandent l'attention, est située sur le quai Louis XVIII.

L'heureuse disposition de ses grands magasins, destinés à la réception de toutes les denrées que le commerce y dépose ; la facilité de traction par les voies ferrées qui le relient au port et à la gare du Midi, — rendent ce vaste édifice digne de la curiosité du voyageur.

Préfecture. — Situé sur le cours du Chapeau-Rouge, cet hôtel fut construit par l'architecte Louis pour M. Saise, avocat général au Parlement de Guienne. En 1808, les préfets de la Gironde y établirent leur résidence. Il vient d'être décoré et augmenté intérieurement et extérieurement, sous l'administration de M. de Mentque.

Musée. — Ce bâtiment, qui renferme la bibliothèque de la ville et le musée des antiques, fut donné, en 1738, par Jean-Jacques Bel, magistrat éminent, à l'Académie des sciences et belles-lettres de Bordeaux. A ce don, il joignit celui de sa bibliothèque, à condition qu'elle serait publique. Enrichie par de nouvelles donations, la bibliothèque de Bordeaux compte aujourd'hui plus de quatre-vingt mille volumes et plusieurs manuscrits de grande valeur, notamment un Montaigne *manu propria*.

Hôpital de Bordeaux.

Au milieu de la bibliothèque, s'élève le buste de Montesquieu, sculpté par Lemoyne, donné à l'Académie par le prince de Beauveau. Ce buste donna lieu, s'il faut en croire M. Bernadau, un des historiens de Bordeaux, à une aventure assez originale : « Le roulier chargé de transporter dans cette ville la caisse contenant le buste, s'étant présenté à la douane pour acquitter les droits, avec la lettre de voiture étiquetée « *buste d'un philosophe,* » le préposé, après avoir feuilleté ses instructions, dit au roulier : « Le » tarif ne parle pas de ce que paie un buste de philosophe ; » c'est donc une marchandise prohibée, et je dois confis-

» quer votre colis. » Il fallut se pourvoir devant le directeur des douanes pour obtenir mainlevée de cette étrange saisie. Ce fonctionnaire s'empressa de faire remettre à l'Académie des sciences et belles-lettres de Bordeaux le ballot confisqué, en s'excusant sur l'ignorance de son préposé. »

Lycée. — Cet établissement, situé sur le cours Napoléon, occupe l'ancien couvent des Feuillants. Il possède une chapelle, reconstruite en 1741, qui est d'un style curieux. Sur l'un des bas côtés, à gauche du maître-autel, se trouve le mausolée de Michel Montaigne. L'auteur des *Essais* y est représenté en costume de guerre, les mains jointes, un lion à ses pieds. Sur une des faces du mausolée, on lit son épitaphe en prose latine, et sur l'autre en douze vers grecs.

Ce monument a été restauré, en 1803, par un de ses descendants, comme le prouve l'inscription suivante, placée sur l'un des latéraux : « *Josephus Montanus Michaelis Montani ab nepos hoc monumentum restauravit anno Domini 1803.* »

Archevêché. — Précédemment situé près de l'église Saint-André, dans le Doyenné, puis rue de Cheverus, il s'élève au milieu de la nouvelle voie qui relie la cathédrale au cours de l'Intendance. Ce monument est dû à M. Labbé, architecte diocésain.

Sourdes-Muettes. — L'historique de ce grand établissement étant généralement peu connu, nous en indiquerons les points les plus saillants, d'autant mieux que les heureux développements de cette utile fondation la rendent, en France, la seule institution capable de rivaliser avec celle des Sourds-Muets de Paris.

Nos renseignements ont une source authentique; nous en devons la communication à l'obligeance de M. Robert, l'honorable directeur actuel.

Fondée, en 1786, par l'abbé Sicard, sous le patronage de Mgr de Cicé, archevêque de Bordeaux, cette école, que l'on put, à son origine, considérer comme un hospice, ne comptait que vingt-deux élèves, pour la plupart pauvres et couverts de haillons.

Institution des Sourdes-Muettes.

La généreuse tentative du célèbre abbé n'aurait produit que de stériles résultats et serait demeurée infructueuse, si un véritable apôtre de la charité n'eût entrepris, aux dépens de sa position sociale, de sa fortune, de sa vie même, de soutenir, de toutes les forces du dévouement, l'œuvre commencée et de la rendre sienne.

Saint Sernin, né, vers 1740, à Saint-Jean-de-Marsac (Basses-Pyrénées), d'une famille patricienne, mais sans fortune, vint se fixer à Bordeaux, où il se livra à la carrière de l'enseignement. Lié d'une étroite amitié avec l'abbé Sicard, il fut initié par ce dernier à la précieuse découverte de l'abbé de L'Épée, dont il étudia les ingénieuses méthodes, et avec lesquelles il se familiarisa; il se mit au courant des tentatives et des premiers essais pratiqués à Bordeaux.

Malgré le triste état dans lequel se trouvaient les pauvres enfants, et peut-être en raison même de leur déplorable situation, mû par l'enthousiasme que développe et fait grandir la charité, saint Sernin, enflammé d'un saint zèle, résolut de se dévouer corps et âme à l'œuvre commencée. A ses risques et périls, il ouvre, dans la rue Capdeville, une maison pour l'éducation des sourds-muets; et, dans les difficultés mêmes de cette hasardeuse mais bienfaisante entreprise, son courage et son dévouement acquièrent une nouvelle ardeur.

Les événements qui se succèdent à la suite de 1789 rendent de plus en plus critique la situation de l'œuvre de saint Sernin, qui leur oppose une résolution suprême : il vend tout ce qu'il possède, et met ainsi ses malheureux élèves à l'abri de la nudité et de la faim.

Tant de sacrifices, tant d'abnégation, tant de persévérance devaient obtenir leur récompense.

Une loi du 3 vendémiaire an V affecte la maison nationale dite des *Catherinettes*, avec le jardin qui en dépend, à l'institution des Sourds-Muets de Bordeaux, et la décrète institution nationale.

La municipalité de Bordeaux vient, à son tour, et d'une manière efficace, en aide à l'œuvre de saint Sernin : elle lui accorde une allocation annuelle de 6,000 fr.

Désormais à l'abri des longues et douloureuses éventualités qu'il avait subies, le directeur de l'École des Sourds-Muets porte son zèle et son infatigable activité sur les éléments progressifs qu'il juge les plus propres à la consolidation et au perfectionnement de son institution.

Non content d'améliorer la méthode de l'abbé de L'Épée, il obtient la fondation de plusieurs ateliers dans son École. Dès lors, ses élèves ont le double avantage de partager leur temps entre les travaux manuels et les études intellectuelles.

Après trente années de lutte et d'honorables travaux, saint Sernin s'éteignait le 9 mars 1816, laissant à l'enseignement mimique des élèves capables de continuer son œuvre, et à la France une grande institution de plus.

Voici les noms des directeurs, depuis la fondation de l'École jusqu'à nos jours :

1er directeur, instituteur en chef, l'abbé Sicard, de 1785 à 1790 ;

2e directeur, instituteur en chef, saint Sernin, de 1790 à 1814 ;

3e directeur, instituteur en chef, Guilhe, 4 décembre 1814 ;

4e directeur, Valade-Gabel, 1er septembre 1838 ;

5e directeur, Morel, 25 juillet 1850 ;

6e directeur, Robert, 10 mars 1857.

L'École, jusqu'au 11 septembre 1859, avait reçu les sourds-muets des deux sexes ; mais un décret impérial rendu à la même date consacra l'institution de Bordeaux à l'instruction spéciale des filles sourdes-muettes, et dirigea vers cet établissement les élèves du sexe féminin qui formaient, dans un local séparé, une annexe de l'institution de Paris.

Aujourd'hui, l'École de Bordeaux comprend cent dix élèves, tant pensionnaires que boursières.

Une commission spéciale administre cet établissement, dont le régime intérieur est confié à des dames religieuses.

A côté du local jadis concédé par la ville, devenu insuffisant, s'élèvent de magnifiques constructions, destinées à la nouvelle École. L'élévation de ce splendide monument est due au remarquable talent de M. Thiac, architecte de la ville.

Palais de Justice.

Palais de Justice. — Ce monument a été bâti sur le terrain occupé autrefois par le fort du Hâ, en face de l'hôpital Saint-André. Cet édifice, œuvre de M. Thiac, architecte du département, est des plus remarquables. Sa façade principale présente au centre un corps de bâtiment considérable en retraite, entre deux longues ailes saillantes. Le portique est orné de douze colonnes. Quatre statues colossales, œuvre de M. Maggesi, et représentant L'Hôpital, d'Aguesseau, Montesquieu et Malesherbes, ornent le haut de l'édifice.

Hôpital Saint-André. — La fondation de l'hôpital Saint-André date de 1390. Elle est due au vénérable Vital-Carles, prêtre et grand chantre de l'église Saint-André. Cet édifice fut agrandi en 1538, grâce à la générosité de Nicolas Boyer, vicomte de Pomiers, qui consacra à cette œuvre une grande partie de sa fortune. Il a été entièrement reconstruit à neuf sous la Restauration, et l'inauguration du nouveau monument eut lieu le 4 novembre 1829. La direction des travaux avait été confiée à M. Burguet.

Le Port et le Pont de Bordeaux. — Avant de tracer l'itinéraire qui doit guider nos lecteurs de Bordeaux à la mer, jetons un coup d'œil rapide sur les lieux mêmes où se trouve notre point de départ, et consacrons quelques moments à l'inspection du port, si heureusement dessiné par la Garonne et si favorablement disposé pour le chargement et l'allégement des nombreux navires qui viennent successivement aborder ses quais.

Le port de Bordeaux se trouve compris, du nord au sud, entre le Magasin des vivres de la marine et les Chantiers de construction. Il mesure, dans sa courbe gracieuse, cinq mille sept cents mètres de développement. Sa largeur, d'une rive à l'autre, à partir de la place Royale, est de six cents mètres. A mer haute, sa profondeur est de neuf mètres et de cinq mètres à mer basse. Les navires portant un fret de six cents tonneaux peuvent s'y maintenir à flottaison; ceux d'un plus fort tonnage opèrent leur allégement à Blaye ou à Pauillac, deux ports situés sur la Gironde et dont nous parlerons plus tard.

Ce port peut contenir au moins mille deux cents navires, les uns amarrés au port, les autres stationnant au large. La forêt de mâts que forment ceux-ci, la variété des couleurs de leurs flammes et de leurs pavillons flottant au vent, le développement circulaire de quais larges et commodes, les façades des grands monuments qui encadrent ces derniers, le mouvement incessant de l'embarquement des marchandises ou de leur emmagasinement : ce magnifique ensemble, cette continuelle activité, tout concourt pour donner à la grande cité girondine un aspect grandiose, et à la France une de ses plus belles stations maritimes.

Dans ce temps de progrès et de transformations, à l'époque surtout où le commerce et l'industrie exportent nos riches produits sur tous les points des deux hémisphères, nul doute que le port de Bordeaux ne devienne de plus en plus florissant, et que sa rive droite sous-tendante de l'arc dont nous parlions à l'instant ne lui offre, par l'étendue de ses terrains et la construction de nouveaux édifices, de plus nombreux éléments d'importance et de mouvement.

Le cadre dans lequel nous nous sommes renfermés ne nous permettant pas d'explorer tous les bords de la Garonne et de décrire les sites pittoresques que présentent les deux rives, notamment en remontant de Bordeaux à Agen, nous ne devons pas cependant négliger d'entretenir nos lecteurs d'une des plus considérables et des plus utiles constructions dont la capitale de la Gironde ait le droit de se glorifier.

Nous voulons parler du pont qui met en communication la rive gauche de la Garonne avec sa rive droite, long trait d'union par lequel le quartier des Salinières est relié à celui de La Bastide, autrefois vaste faubourg de Bordeaux, et qu'une loi récemment rendue, ainsi que nous l'avons dit précédemment, vient d'enclaver, avec d'autres communes

Le Port le Bordeaux.

suburbaines, dans le périmètre du chef-lieu de la Gironde.

Le pont de Bordeaux est, sans contredit, le plus beau des ponts qui traversent nos rivières en Europe; il n'en est même aucun qui puisse lui être comparé.

L'idée première de sa construction est due à M. de Trudaine, intendant général des finances, en 1772; mais les plans gigantesques du célèbre économiste ayant été jugés irréalisables, on s'occupa de divers projets dont la discussion entraîna d'interminables longueurs.

En 1800, Napoléon Ier fit jeter sur la rivière un pont de bois, et deux ans plus tard, en 1810, on commença parallèlement le pont en pierre.

Mais ce ne fut qu'en 1821, sous l'administration de M. de Tournon, préfet de la Gironde, qu'eut lieu l'inauguration de ce dernier, véritable monument de l'art, et aussi remarquable par sa hardiesse que par sa légèreté relative.

Ce travail immense et important à tous les points de vue, nous devons le signaler en passant, dut son accomplissement à l'esprit d'association dont les Bordelais donnèrent alors l'exemple, et qui, depuis cette époque déjà loin de nous, a fait prospérer toutes les grandes entreprises industrielles qui font maintenant l'honneur et la gloire de notre pays.

Les détails suivants donneront à nos lecteurs une idée complète de la magnificence du pont de Bordeaux. Nous les empruntons à une notice de M. Jouannet, extraite de l'ouvrage publié par M. Billaudel, un des ingénieurs chargés de la construction du pont :

« Seize piles et deux culées en pierre supportent les dix-» sept arches dont il se compose. Les sept arches du milieu, » d'égale dimension, ont vingt-six mètres quarante-neuf » centimètres de diamètre; l'ouverture de la première et

» de la dernière est de vingt mètres quatre-vingts centimè-
» tres de diamètre ; les autres sont de dimensions intermé-
» diaires et décroissantes. Les voûtes ont la forme d'arcs de
» cercle dont la flèche est égale au tiers de la corde. Les
» piles, épaisses de quatre mètres vingt-un centimètres, sont
» élevées à une hauteur égale au dessus des naissances, et
» couronnées d'un cordon et d'un chaperon. Elles se rac-
» cordent avec la douelle des voûtes, au moyen d'une vous-
» sure qui donne plus de grâce et de légèreté à l'ensemble
» du monument, en même temps qu'elle facilite l'écoule-
» ment des eaux et des corps flottants. La pierre et la bri-
» que sont disposées sous les voûtes de manière à simuler
» l'appareil des caissons d'architecture au moyen de chaînes
» transversales et longitudinales. Dans l'élévation géomé-
» trale, les voussoirs en pierre sont extradossés sur le des-
» sin d'une archivolte. Le tympan, ou l'intervalle entre deux
» arches, est orné du chiffre royal, sculpté sur un fond de
» briques. Au dessus des arches règne une corniche à mo-
» dillons d'un style sévère. Deux pavillons décorés de porti-
» ques avec colonnes d'ordre dorique sont élevés à chaque
» extrémité du pont. La longueur du monument, entre les
» cercles, est de quatre cent quatre-vingt-six mètres soixante-
» huit centimètres ; sa largeur, entre les parapets, est de
» quatorze mètres quatre-vingt-six centimètres. Une pente
» légère, partant de la cinquième arche de chaque côté, des-
» cend vers les rives ; elle facilite le raccordement de la
» chaussée du pont avec les places et les quais aux abords,
» en même temps qu'elle favorise l'écoulement des eaux.
» Mais les dégradations causées par les pluies seront bien
» plus sûrement écartées ou prévenues par une disposition
» ingénieuse, dont aucun édifice connu n'offre de modèle.
» Cette masse imposante de voûtes contiguës, en apparence

» d'un poids qui effraie l'imagination, est allégée intérieu-
» rement par une multitude de galeries semblables à des
» salles de cloître, et communiquant entre elles d'une extré-
» mité du pont à l'autre. Comme en tout temps on pourra
» explorer les arches sous la chaussée, il sera facile de les
» entretenir et de les réparer sans interrompre la circula-
» tion des voitures. »

DE BORDEAUX A LA MER

LES BATEAUX A VAPEUR

SUR LA GARONNE ET LA GIRONDE

Toutes les grandes applications industrielles ont des commencements difficiles.

Les exemples sont nombreux et les catastrophes assez rapprochées de nous pour nous donner une idée saisissante des tristes aventures dans lesquelles s'engouffrent les capitaux des chercheurs, des novateurs, des partisans du progrès.

Le positivisme de notre époque exige que l'on voie non pas loin, mais juste; et c'est le cas ou jamais de réformer un proverbe qui dit : « Tout vient à point à qui sait attendre!... »

Ce n'est pas « qui sait » qu'il faut, mais bien « qui peut. »

L'administration générale des Omnibus de Paris distribue

actuellement à ses actionnaires des dividendes considérables.

Les premiers fondateurs des Voitures publiques à trente centimes se sont ruinés et ont fait éprouver de grosses pertes à leurs actionnaires.

Cependant l'idée était bonne, féconde, riche d'avenir; mais ses promoteurs n'ont *ni su ni pu attendre.*

Il s'est passé à Bordeaux un fait analogue à propos de la navigation à vapeur établie sur le large fleuve qui baigne les rives de l'antique *Burdigala.*

Ceci a sa signification; et nous sommes assurés que nos lecteurs ne suivront pas sans intérêt le récit des phases tristes ou resplendissantes par lesquelles a passé l'organisation actuelle.

En 1817, — remarquons bien cette date, elle a son éloquence! — un premier essai de navigation à vapeur fut tenté sur le bas de la rivière entre Bordeaux et Pauillac.

Un bateau, construit par MM. Chaigneau frères et Bichon, pour le compte de MM. Thures et Morton jeune, ouvrit courageusement la voie.

Quelques tentatives furent faites accidentellement du côté

de Royan; mais alors cette station balnéaire n'offrait pas à l'industrie des transports par eau l'aliment industriel qu'elle possède aujourd'hui, et les promoteurs de l'idée féconde de la navigation à vapeur sur la basse rivière furent forcément contraints de renoncer à leur entreprise. On dut abandonner la ligne maritime pour exploiter la ligne fluviale. Au lieu de descendre, au lieu de se diriger vers Pauillac, on remonta le cours de la rivière, on se dirigea vers Langon.

Les changements de front réussissent quelquefois aux chefs d'armée. Dans cette circonstance, les administrateurs de la nouvelle Compagnie eurent à se féliciter d'avoir imité les grands capitaines.

En 1817, les routes étaient médiocrement entretenues. Les communications étaient lentes, difficiles, coûteuses, et la navigation à vapeur, quoiqu'à sa naissance, et malgré l'élévation des tarifs [1], rendit alors de véritables services.

Qui sert bien est généralement bien rémunéré. La ligne nouvelle du haut de la rivière offrit donc des bénéfices importants à ses organisateurs.

Ce résultat inespéré fixa l'attention des capitalistes sur le nouveau moyen de transport. La navigation à vapeur prit un développement considérable, les constructions se multiplièrent et, au lieu de s'arrêter à Langon, on poussa jusqu'à La Réole et à Marmande; on alla même, à titre d'exploration, jusqu'à Toulouse.

Des Compagnies rivales s'organisèrent. La concurrence s'établit. Les bénéfices réalisés par la première Compagnie excitèrent toutes sortes d'ambitions et d'espoirs.

Une lutte formidable s'engagea entre tous les propriétaires

[1] Le prix des places et des transports de Messageries était de 100 0/0 plus élevé qu'aujourd'hui, quoique la vitesse obtenue par les nouveaux moteurs fût de 100 0/0 inférieure à celle qu'on obtient de nos jours.

ou constructeurs de bateaux à vapeur, et il ne fut si mince escale qui ne voulût avoir son *steamer*, son service spécial, et, en somme, la récolte assurée de la moisson promise. Il est rare que les comptes n'entraînent pas les mécomptes. Ces derniers furent si nombreux, qu'une Compagnie puissante, connue d'abord sous le nom de *Compagnie générale*, puis, plus tard, sous celui de *Compagnie centrale de Transport et de Navigation*, résolut de réunir entre ses mains tout le matériel des nombreuses Compagnies particulières qui exploitaient le haut et le bas de la rivière. La *Compagnie centrale* possédait un gros capital; mais les gros capitaux ne sont pas toujours des moyens assurés de succès. Elle eut le tort de livrer son matériel à des fermiers plus audacieux qu'habiles, qui s'ingénièrent à réparer un matériel défectueux, lourd, et qui ne pouvait suffire aux besoins du service.

La *Compagnie centrale*, qui s'était flattée de l'espoir de monopoliser les transports par eau, eut bientôt à compter avec de nombreux concurrents. La Compagnie anonyme *les Garonnes*, et nombre d'autres Compagnies moins solides, se jetèrent courageusement au travers des prospérités de la Compagnie centrale. La lutte fut longue, acharnée; elle se termina comme se terminent toutes les luttes, par la mort des faibles et l'affaiblissement des forts.

Les forts s'entendirent entre eux. La nécessité les y forçait, et leur accord dura jusqu'à l'époque de l'exploitation du chemin de fer du Midi.

Ce grand événement industriel qui allait modifier si profondément les conditions économiques de l'industrie des transports obligea les Compagnies fusionnées à se liquider. Mais il restait à recueillir un héritage dont l'*aleat* pouvait prendre de grandes proportions. C'est ce que comprirent à merveille les hommes qui se mirent à la tête de la Compagnie des Bateaux à vapeur du bas de la rivière.

Le développement du trafic de cette ligne de navigation devait être lent à se produire. Il fallait, sans parler des efforts persévérants de ses fondateurs, créer un matériel qui répondît aux besoins multiples de la situation.

L'exploitation industrielle de cette partie du fleuve exige, en effet, un matériel spécial, des moteurs puissants qui soient en état de résister à la mer, l'organisation d'un service de remorquage pour les bâtiments à voiles qui fréquentent le port de Bordeaux; puis, enfin, la nécessité d'établir dans de parfaites conditions de confort et de luxe des bateaux qui pussent transporter jusqu'à Royan les baigneurs et les touristes.

Ces divers besoins du service furent heureusement remplis par la Compagnie des Bateaux à vapeur du bas de la rivière, qui eut cependant à se défendre contre des tentatives de concurrence dont la durée ne fut qu'éphémère.

Ce ne fut qu'au prix de lourds sacrifices que la Compagnie des Bateaux du bas de la rivière parvint à demeurer victorieuse.

Il demeure acquis à ce long procès que la « matière exploitable » ferait défaut si de nouveaux concurrents se présentaient. Cela est si vrai, que l'avenir de la Compagnie des Bateaux du bas de la rivière, qui a absorbé celle du haut de la Garonne, est peut-être menacée par la construction du chemin de fer du Médoc.

Cette Compagnie compte vingt grands bateaux formant entre eux un effectif de plus de deux mille chevaux-vapeur; elle est administrée sagement, prudemment, et le public rend journellement hommage aux soins empressés et délicats dont il est l'objet.

Nous verrions avec peine que cette industrie si vivace et si populaire ne pût résister à la concurrence très forte que le Chemin de fer du Médoc doit, sous peu de temps, organiser contre elle.

Il nous semble difficile, pour ne pas dire impossible, que le nouveau chemin de fer puisse combattre victorieusement contre une entreprise qui fait parcourir à ses bagages et à ses voyageurs une distance de vingt-quatre mille mètres à l'heure, au prix de 3 à 4 centimes les mille mètres.

Ajoutons, pour mémoire, que le prix du remorquage des navires, de Bordeaux à Pauillac, ne s'élève pas à UN centime par tonne et par kilomètre.

Terminons en proclamant la haute spécialité de MM. Dumeau et Heyrim, les directeurs actuels de la Compagnie du Bas de la Rivière et du Haut de la Garonne. Tous deux sont fils de leurs œuvres; ils ont passé leur vie, soit dans la direction, soit dans l'administration des diverses Compagnies de Bateaux à vapeur qui se sont succédé à Bordeaux, et, nous pouvons le dire sans crainte d'être démentis, jamais personne n'a compris comme eux les mille besoins de notre navigation à vapeur fluviale; jamais mains plus exercées et plus habiles n'ont tenu le gouvernail de cette grande flotte de steamers dont notre ville s'enorgueillit justement. L'un et l'autre peut dire hardiment :

Nourri dans le sérail, j'en connais les détours.

STATION DES BATEAUX A VAPEUR

Les bateaux à vapeur, dont nous venons de faire l'historique, ont leur station sur le quai Vertical, précisément en face de l'entrée principale d'une vaste promenade dont le terrain formait autrefois un faubourg, dans la circonscription duquel s'élevaient un hôpital, des couvents, et qui était sillonné par douze rues.

Cette grande promenade, bornée par de belles avenues d'arbres, est connue sous le nom de *Place des Quinconces.* Elle est terminée au nord par un espace demi-circulaire dessiné par de magnifiques maisons. Au centre de la demi-circonférence, se trouve un bassin dont les eaux sont jaillissantes. Au milieu de la place, sur chacun des cotés, et en regard l'une de l'autre, s'élèvent les statues colossales de Montaigne et de Montesquieu. L'extrémité méridionale est formée par une balustrade qui règne tout le long de la terrasse, d'où les promeneurs peuvent contempler à leur aise le mouvement du port et assister ainsi au départ ou à l'arrivée des steamers qui descendent et remontent le fleuve depuis Bordeaux jusqu'à Royan, et qui font escale sur les points les plus fréquentés de l'une et de l'autre rive.

Deux colonnes rostrales, d'une hauteur de plus de vingt mètres, limitent chacun des côtés du large escalier qui fait communiquer la terrasse avec le quai Vertical. Ces deux colonnes sont surmontées de lanternes dont les feux restent allumés pendant la nuit, et de deux statues, celles du *Commerce* et de la *Navigation*.

Si la place des Quinconces est le champ-de-mars de la garnison, elle est aussi les Champs-Élysées des jeunes élégants et de la bonne compagnie; elle sert de champ de foire bis-annuel à la cité, et sur son sol, tous les cinq ans, l'on élève un palais dans lequel les arts industriels viennent exposer leurs produits les plus remarquables.

Notons, en passant, que cette Exposition quinquennale a été fondée et toujours habilement dirigée par la Société Philomathique de Bordeaux. Au moment où nous publions ce livre, a lieu, avec un grand succès, la onzième de ces Expositions publiques.

Mais le moment est arrivé de commencer notre voyage et de monter, pour en suivre le cours, un bateau touchant bord à bord le ponton sur lequel on voit écrit en gros caractères : DÉPART POUR ROYAN.

Rien de plus vif, de plus animé, de plus bruyant, et souvent de plus comique, que le départ de nos bateaux à vapeur bordelais.

Le ponton est alors littéralement encombré d'une foule compacte. On s'embrasse, on se serre les mains, on se livre à un échange incessant d'adieux, de protestations, de recommandations; les regrets de la séparation, l'espoir du retour, les souvenirs aux absents, exprimés de tous côtés, se croisent et se multiplient dans une collection d'individus dont souvent la moitié se compose de ceux qui s'éloignent.

Le commerçant, toujours préoccupé de ses affaires, achève de conclure celles qu'il avait entamées, et ne se sépare de son correspondant ou de son commettant qu'au moment où la cloche du bateau jette son dernier appel au retardataire Plus nous avançons et plus la devise américaine : *Times is money* — devient, pour tous, une vérité.

La phrase sacramentelle : *Débarquez ! ceux qui ne font pas le voyage!* jetée par le patron, descend de la passerelle, et détermine à l'instant un mouvement de va-et-vient, une confusion momentanée qui forme un contraste frappant entre l'immobilité des uns et la marche accélérée des autres. Mais bientôt l'ordre naît du désordre. Les passagers seuls occupent le pont, les uns se placent à l'arrière, les autres à l'avant, tandis qu'on lève le pont volant et que les amarres sont larguées.

Le beau steamer s'éloigne lentement, majestueusement, agitant ses roues d'abord avec lenteur, comme pour les tirer de l'engourdissement du repos. Mais il s'élance, traînant après lui un long sillage et dispersant dans l'air une fine pluie de cristal qui se détache étincelante de l'écume blanche des eaux battues avec une force suprême par ses immenses ailes.

C'est à peine si les mots : *Adieu! au revoir!* peuvent s'entendre au milieu du bruit régulier produit par les roues et le mouvement incessant de la puissante machine à vapeur.

A défaut de la voix, les mouchoirs s'agitent au vent; mais bientôt tout se confond et disparaît aux regards. L'œil cependant reste fixé sur le point qui lui échappe; il ne distingue plus et il regarde encore; c'est alors l'esprit et le cœur qui le remplacent : ils ont le don de la seconde vue.

Le *Prince-Impérial*, superbe spécimen de nos bateaux à vapeur, est aussi l'un des plus remarquables pyroscaphes affectés à la navigation de Bordeaux à Royan. Il réunit à une construction solide, en même temps que hardie, la forme élégante que l'œil aime à suivre de loin, et dont, par la pensée, on compare la légèreté et la vitesse au vol de l'oiseau.

Ce beau steamer, l'un des derniers construits par la Compagnie à laquelle a succédé la Compagnie Dumeau et Heyrim, sort d'un grand chantier bordelais. Il fait honneur à son habile constructeur, M. Arman, l'un des directeurs de la Société des Ateliers de l'Océan et de la Méditerranée, et qui, comme député, représente au Corps législatif les intérêts du département de la Gironde.

Les machines du *Prince-Impérial* ont été fabriquées en Angleterre.

Ses aménagements joignent l'élégance au confortable, et sa chambre, ou plutôt son salon, offre, dans sa décoration, un petit chef-d'œuvre de marqueterie, où le bois de rose et le bois de citron, habilement taillés et dessinés, forment, dans le pourtour des lambris, mille charmants dessins qui attirent et récréent la vue.

Ce n'est pas que les autres bateaux de la même Compagnie ne rivalisent avec le *Prince-Impérial* en confortabilité et en ornementation; mais, puisque nous avons nommé le premier, confions-nous à ses solides nervures, à ses puissantes machines. Reposons-nous du soin de nous conduire à bon port sur la longue expérience du patron, qui, monté sur son banc de quart, s'il ne commande pas aux vents et à la mer, fait obéir d'un signe les immenses machines qui nous entraînent vers l'Océan, et dont lui seul arrête ou précipite le mouvement.

Plaçons-nous sous la tente élégante qui couvre tout l'arrière du bâtiment. Elle garantit les passagers des ardeurs du soleil, sans les priver de la vue animée et pittoresque des sites et des accidents qui se développent rapidement sur chacune des deux rives de la Garonne.

Mais, avant de nous livrer à cette exploration, féconde en remarques et en observations, cédons à une habitude généralement adoptée dans tous les moyens de locomotion que nous procure la civilisation moderne.

Que le voyageur se trouve placé dans l'intérieur d'une diligence, dans le compartiment d'un wagon, son premier soin, dès qu'il aura occupé l'espace restreint qui lui est assigné, sera de promener ses regards sur ses compagnons de voyage et de chercher à reconnaître à leur maintien, à leur costume, à leur langage, le rang qu'ils occupent dans la société et la fonction qu'ils y exercent.

Le voyageur est, de sa nature, observateur; il aime à savoir à côté de qui il se trouve assis; s'il doit se tenir sur la réserve, s'il peut causer avec liberté. En chemin de fer, généralement, on dort ou l'on pense. La course est si rapide, qu'à peine parti, on est déjà arrivé.

Il n'en est pas de même sur les bateaux à vapeur. Ce n'est pas seulement avec huit ou dix personnes que le passager se trouve en contact; c'est par centaines qu'il peut les compter. Pour ne parler que des bateaux qui font le service de Bordeaux à Royan, il n'est pas rare, durant la saison d'été, d'y voir s'élever le nombre des voyageurs à plus de quatre cents pour chaque trajet. Alors l'inconvénient des diligences et des wagons disparaît. Outre l'exercice des jambes, auquel on a la faculté de se livrer, en parcourant le pont de l'avant à l'arrière, outre l'avantage de respirer la fraîche brise qu'apporte la mer et qui règne surtout à l'embouchure des fleuves, on n'a à supporter ni le cahotement de la voiture, ni la secousse, lente mais continue, du railway.

Dans le nombre considérable de passagers que porte le bateau, il est rare de ne pas trouver un personnage connu, ou, au moins, quand on n'a pas le plaisir d'y serrer une main amie, y rencontre-t-on quelques-uns de ces visages sympathiques avec lesquels s'établissent de prompts rapports et, par suite, le libre échange de la pensée. Veut-on se livrer à la lecture ou employer le temps, en passant d'un bord à l'autre, à contempler les points et les lieux saillants des deux rives, chacun est libre de s'isoler et d'employer à sa guise les cinq heures que met le steamer à faire la traversée.

Malgré le nombre considérable des passagers, point d'encombrement, point de confusion. La division des places et la différence de leur prix établissent promptement la séparation des rangs, et laisse à tous et à chacun la liberté de ses allures.

Au moment du départ, aux premières comme aux secondes places, les groupes se forment. Les familles, les amis, les connaissances, se rapprochent les uns des autres; un quart-d'heure ne s'est pas écoulé que tous ont trouvé leur place, qui sous la tente, qui sur le devant, qui au salon, qui dans la chambre réservée exclusivement aux passagers de l'avant.

Dans toute bonne administration, l'ordre et la régularité proviennent toujours d'une direction habile. On ne saurait refuser cette qualité à la Direction des bateaux à vapeur qui transportent les voyageurs de Bordeaux à Royan. Le choix des agents choisis par cette dernière maintient depuis longtemps l'heureuse impulsion qu'elle a donnée à son importante exploitation.

L'emploi de comptable de chaque bateau, c'est à dire de l'agent chargé d'échanger contre une carte le prix des places, a été confié à des hommes aussi honorables par leur caractère que distingués par le ton et les bonnes manières; d'ailleurs fort entendus et remplis de prévenance pour les passagers, auxquels ces derniers peuvent en tout temps s'adresser, parce que ces employés ont pour règle de se rendre aussi agréables qu'utiles. Il en est de même de l'équipage, depuis le patron jusqu'au mousse.

Il est un autre genre de service sur lequel nous devons encore appeler l'attention de nos lecteurs, et qui concerne surtout les voyageurs dont l'appétit est fortement surexcité par les émanations apéritives de la mer : nous voulons, on le comprend, fournir à ceux-là quelques renseignements précieux sur les restaurants installés à bord des bateaux dont l'un d'eux nous porte de Bordeaux à Royan.

Il est à présumer que parmi nos lecteurs, il s'en trouvera quelques-uns qui aient fait, de 1830 à 1840, le voyage de Rouen à la mer, sur un des deux magnifiques bateaux à vapeur construits au Havre, dont l'un portait le nom de la *Seine*, et dont l'autre, la *Normandie*, fut choisi pour transporter, du Hâvre à Paris, les restes glorieux de Napoléon Ier.

Toute grandeur a son déclin! Si nous sommes bien informés, la carcasse démembrée du beau steamer normand tombe maintenant en ruines dans un des grands chantiers de construction de Bordeaux.

Si donc un des passagers se rendant de Bordeaux à Royan, ou remontant le fleuve de Royan à Bordeaux, a descendu ou remonté le cours de la Seine entre Rouen et le Havre, il n'aura pas perdu le souvenir des excellentes préparations culinaires servies aux passagers que portaient les deux steamers construits pour cette traversée.

Pas un commis-voyageur, — et ils étaient nombreux alors, — qui n'ait conservé la mémoire des deux repas que la longueur du voyage obligeait de faire, et dont il n'ait proclamé la supériorité sur tous ceux des tables d'hôte dont il était le tributaire et le commensal habituel !

A ceux qui, comme nous, ont pu apprécier *de visu* et *de gustu* le mérite de cette vieille renommée, il sera facile d'établir une comparaison entre le service de l'ancien restaurant des bateaux à vapeur de la Seine et le moderne service du restaurant des bateaux à vapeur de la Gironde.

La pratique du présent renouvellera infailliblement le souvenir du passé, car la réputation dont jouissaient les cuisines des pyroscaphes de la Normandie est maintenant acquise aux chefs d'office des fourneaux culinaires des bateaux girondins.

En effet, à l'instant où l'estomac, sollicité par l'air frais qui semble uniquement réservé aux passagers, demande une prompte et succulente réfection ; que ces derniers, aiguillonnés par les recommandations que leur adresse une longue expérience et aussi — pourquoi ne l'avouerions-nous pas ? — par une étude spéciale du Bien-Vivre[1], que les passagers, disons-nous, se fassent servir à déjeuner dans le joli salon plus haut sommairement indiqué, et nous avons la conviction que nos amis Monselet et Saint-Rieul-Dupouy, aussi spirituels écrivains que gastronomes délicats, s'ils

[1] *Science du Bien-Vivre, ou Monographie de la Cuisine;* par Paul Ben. — Paris, au *Musée des Familles*, et chez Féret, libraire, cours de l'Intendance, Bordeaux.

étaient appelés à la table où seront placés les mets demandés, en apprécieraient le mérite, l'exquise préparation, et sanctionneraient de leur puissante autorité le choix des comestibles et leur appétissante confection.

Pour compléter nos renseignements sur un incident aussi important du voyage et qui fait supporter agréablement une bonne partie de la traversée, ajoutons que le service du restaurant des bateaux à vapeur se fait d'une manière irréprochable. Il rivalise d'ordre, de propreté, de promptitude avec celui des meilleurs hôtels de Bordeaux. L'aménité de ceux qui le dirigent, l'activité et la prévenance de tous les serviteurs qui l'exécutent, forment un ensemble parfait dont la continuité persévérante ajoute au plaisir que procure le parcours du fleuve, dont les bords offrent à l'infini les mille variétés d'un sol fertile ou l'aspect imposant de ces hautes falaises, dont les déchirements et les anfractuosités attestent la longue succession des âges.

Cependant, un dernier mot sur ce sujet, que ne dédaigneront ni les estomacs affamés, ni les voyageurs habitués à une table bien servie, ni les consommateurs qui ne se contentent pas de poissons frais, de viandes succulentes, de fines volailles et des primeurs végétales, et qui priseraient peu ces divers produits, s'ils n'étaient arrosés d'un vin généreux.

Quand on vient de saluer, sur la rive gauche de la Gironde, les beaux domaines de Château-Margaux, de Château-Lafitte, de Château-Latour, de Château-Larose et de tant d'autres riches propriétés vinicoles, malgré soi, le souvenir des vins généreux du Médoc envahit le cerveau; malgré soi, la langue va frapper le palais et l'on se trouve entraîné à demander à la réalité l'impression matérielle dont l'imagination a indiqué la trace. On cède à l'entraînement; on fait un appel direct à la cave secrète du bateau, qui tient toujours à la disposition des amateurs ses plus précieuses réserves.

On fait en bien *buvant* l'éloge des *coteaux*,

et plus d'un toast chaleureux est porté à l'exquise liqueur que certaines parties du sol bordelais ont le privilége exclusif de produire.

Mais, tandis que vous lisiez ces considérations, cher lecteur, le *Prince-Impérial* a hâté la rapidité de sa course, et le long sillage blanc qu'il semble remorquer n'est plus brisé par la multitude des navires à travers lesquels il a glissé comme la flèche légère, quand elle va toucher le but qu'elle doit atteindre.

Déjà la tour de Saint-Michel et celle de Pey-Berland ne nous apparaissent plus que comme le couronnement d'un haut édifice; les flèches de Saint-André ne sont plus à nos yeux que deux prismes aigus suspendus dans l'air; une forêt de mâts cache à nos regards le beau pont dont nous avons fait la description dans un précédent chapitre.

Nous avons dépassé l'extrémité de la grande et magnifique courbe qui dessine si gracieusement le port de Bordeaux, laissant sur sa rive droite la Gare du chemin de fer d'Orléans, les Magasins généraux et les Chantiers de construction de M. Raymond.

Sur la rive gauche, le *Prince-Impérial*, comme pour leur rendre hommage, s'est légèrement incliné devant les immenses bateaux à vapeur de la Compagnie des Messageries-Impériales qui relient Bordeaux à Rio-Janeiro, à Montevideo et à Buenos-Ayres.

Le *Prince-Impérial* a encore laissé derrière lui, sur la même rive, et en les côtoyant :

Les Chartrons, quartier populeux, et principalement affecté au commerce des vins et des spiritueux;

Le quai de Bacalan et ses annexes, où se trouvent de grandes usines et qu'habitent spécialement les ouvriers du port et le nombre considérable de ceux qu'emploie le commerce des vins;

La Fabrique de porcelaine de MM. Vieillard et Cie;

La Verrerie;

Le Magasin de vivres;

Les immenses Chantiers de construction de la Société des Ateliers de l'Océan et de la Méditerranée, chantiers où se trouve le *rail-way*, travail des plus remarquables, qui permet de mettre à sec les navires du plus fort tonnage et de les réparer dans les chantiers.

L'établissement de ce rail-way n'a pas coûté à ses constructeurs moins d'un million.

Enfin, le *Prince-Impérial* vogue à pleine vapeur sur la Garonne; soit qu'il en remonte les eaux, soit qu'il en suive le cours, sa marche n'en est jamais sensiblement ralentie; il cède et obéit aux mains qui le dirigent, tantôt occupant le milieu du fleuve, tantôt côtoyant l'une ou l'autre de ses rives.

Ici commence réellement notre itinéraire. Nous suivrons donc les mouvements du joli navire, et nos descriptions se succéderont selon l'importance des lieux qui frapperont nos regards, passant de la rive droite à la rive gauche et réciproquement, toutes les fois que, dans sa course, le *Prince-Impérial* aura atteint un site remarquable ou aura interrompu sa marche pour débarquer des passagers ou en recevoir de nouveaux [1].

[1] Pour l'intelligence du travail qui va suivre, nous faisons observer à nos lecteurs que nous ferons suivre des initiales (R. D.) ou (R. G.) les noms des

La Garonne jouit des propriétés communes aux grands fleuves; plus elle se rapproche de son embouchure, plus elle étend son lit, plus aussi ses deux rives s'écartent l'une de l'autre.

L'activité du port de Bordeaux, sa proximité de la Dordogne, le besoin incessant de transport relativement économique pour les produits agricoles et industriels, ont donné naissance à de petites embarcations mâtées, connues sous le nom de *gabares*, sillonnant le haut et le bas de la rivière, déposant sur les quais de la ville les vins, les céréales, les gros légumes, les fruits et, en un mot, tous les produits du sol expédiés par les localités riveraines des deux grands cours d'eau dont nous indiquerons bientôt le remarquable confluent.

Déjà, depuis le départ du *Prince-Impérial*, ont passé à droite et à gauche de son blanc sillage une quantité de ces petites embarcations montées par deux hommes, trois au plus. Celles-là, pour remonter plus facilement le cours de la Garonne, profitent d'un vent favorable et toujours du flot de la mer montante pour aborder le quai où doit avoir lieu leur déchargement. Pour regagner leur point de départ, elles attendent le moment de la mer baissante. Si nous osions comparer les petites choses aux grandes, nous dirions d'elles ce que le grand Corneille fait dire au Cid, quand le héros espagnol, après avoir battu les Maures, les force de remonter sur la flotte qui les avait débarqués :

localités sur lesquelles nous appellerons leur attention. Ainsi, il sera facile à chacun de reconnaître si telle ou telle localité appartient à la rive droite ou à la rive gauche du fleuve.

Si notre livre tombe dans les mains de jeunes enfants, ils se souviendront que la rive droite d'un fleuve se trouve toujours à la droite de celui qui descend le fleuve, et que, si celui-ci le remonte, c'est la rive gauche qui se trouve du côté de sa main droite.

Le flot les apporta, le reflux les emporte.

Mais ce ne sont pas seulement les gabares sillonnant la Garonne que le *Prince-Impérial* dépasse de toute sa vitesse.

Des navires partis de nos ports commerciaux, de Nantes, du Havre, de Cette, de Marseille, remontent aussi le cours du fleuve que nous descendons.

La Belgique, la Hollande, le Danemark, l'Allemagne, la Norwége, la Suède, la Russie, font flotter leur pavillon national sur la Gironde, et leurs grands bâtiments, qui croisent celui que nous montons, viennent échanger contre nos vins et nos spiritueux les divers produits que fournit leur sol ou leur industrie.

De ces navires à fort tonnage, les uns attendent le flot pour gagner plus aisément le port, tandis que d'autres y cinglent à pleines voiles ou hâtent leur arrivée en se faisant entraîner par un des forts remorqueurs appartenant à la Compagnie à laquelle le *Prince-Impérial* appartient lui-même.

Cet aspect, ce mouvement que présente chaque jour la Garonne, nous ne devions pas les passer sous silence, et nos lecteurs nous sauront quelque gré de les leur avoir signalés.

Nous continuons donc notre route.

Si, du milieu de la rivière où nous nous trouvons, nous jetons nos regards sur la gauche (à babord), nous découvrons de grandes plaines sinon stériles, au moins marécageuses, où la haute futaie est rare et la végétation peu hâtive. Ces terres, encore assujéties à une culture spéciale et que les travaux de l'agriculture et ceux de l'homme féconderont un jour, sont vulgairement connues sous le nom de *Paludes*.

Mais, si notre vue s'étend sur la droite, quels tableaux charmants! quels frais ombrages! quels verdoyants coteaux!

Le *Prince-Impérial* cède à l'impulsion de la main qui le conduit et nous rapproche d'un site qui commande, nous ne dirons pas l'attention, mais l'admiration des voyageurs. C'est le coteau délicieux sur lequel le village de Lormont est bâti en amphithéâtre.

LORMONT (R. D.), à cinq cent soixante-dix-huit kilomètres de Paris, neuf kilomètres de la Grave-d'Ambarès, cinq kilomètres de Bordeaux, ne compte pas moins de trois mille habitants; il appartient au canton du Carbon-Blanc.

Sa situation sur le penchant d'une colline toute semée de bouquets d'arbres verts comme l'émeraude, est une des plus agréables de celles que présentent les environs de Bordeaux. Du milieu des hautes futaies s'élancent des châteaux, des villas, des maisons de plaisance, des chalets dont la diversité et l'élégance complètent une heureuse harmonie qui charme la vue.

La petite ville, car Lormont a cessé d'être un bourg ou un village, s'élève des bords de la Garonne à l'extrémité d'une colline à chaque saillie, à chaque angle de laquelle les habitations semblent s'être accrochées, afin de former par leur groupe un de ces tableaux ravissants que la nature se plaît à embellir de ses plus beaux ornements.

La population de Lormont est aussi industrieuse qu'intelligente. Adolphe Blanqui, le célèbre économiste, lui a rendu une justice publique et éclatante : « Les ouvriers charpentiers de cette localité, a-t-il dit, sont les plus habiles parmi les plus habiles de notre beau pays. » A cet éloge mérité, nous ajouterons ce fait remarquable : que la pauvreté est inconnue à Lormont; que le travail y est à l'ordre du jour;

et que, dans toutes les familles, père, mère et enfants prennent chacun sa part de l'activité générale. Deux grands chantiers de construction occupent la majeure partie de la population ouvrière : ce sont ceux de MM. Chaigneau et Bichon.

Lormont est d'origine antique. (Son nom lui vient des Romains, *Mons Laureus*, la Montagne des Lauriers.)

En 1394, le duc de Lancastre choisit ce lieu pour sa résidence.

Les archevêques de Bordeaux y passaient l'été dans une maison de plaisance bâtie par l'un d'eux.

Les Carmes élevèrent à Lormont un oratoire que M. de Pontac, premier président du Parlement de Bordeaux, fit restaurer au seizième siècle.

Vue de la Garonne, nous l'avons dit, la jolie petite ville est d'un aspect ravissant. Un viaduc, construit par l'Administration du chemin de fer d'Orléans, considéré de loin, paraît être la rampe élégante d'une esplanade ou d'une terrasse sur la surface de laquelle seraient posées les assises des maisons formant la base du charmant amphithéâtre, appuyé sur le penchant de la colline, et où sont groupées les autres habitations.

Ce viaduc relie entre eux cinq tunnels, dont trois du côté de Paris et deux du côté de Bordeaux. De ces derniers, l'un a une longueur de quatre cents mètres, et l'autre a une étendue de deux cent quatre-vingts mètres.

Les communications par eau entre Lormont et Bordeaux sont continuelles. Du grand escalier du quai Vertical, qui se trouve en face de la place des Quinconces, une foule d'embarcations partent au moment où la mer baisse et reviennent avec le montant.

Les bateaux à vapeur ne font point escale à Lormont; mais quoique le *Prince-Impérial* nous entraîne, promenons nos regards sur la côte luxuriante où viennent se relier une multitude de collines plus vertes, plus boisées, plus riantes les unes que les autres, et qui toutes sont surmontées de constructions sévères ou modernes, au style grandiose ou léger. Ces collines présentent des courbes allongées et ondulées, et viennent, pour ainsi dire, s'éteindre aux limites de Bassens.

Les vins de Lormont sont estimés. Les plus belles propriétés appartiennent aux familles Expert, Beaufils, Gradis, Chaigneau, Pichon, etc.

N'oublions pas le *château du Diable*, dont le propriétaire est M. Théophile de Pichon. Les limites restreintes de notre opuscule ne nous permettent point de donner la curieuse légende de cette antique construction.

Mais le *Prince-Impérial* abandonne la rive droite et manœuvre sensiblement vers la rive gauche.

Nous quittons les gazons verts, les vallons ombreux, pour trouver sur le bord opposé un sol plus étendu, une nature moins animée, mais dont la végétation vigoureuse forme un heureux contraste avec celle des terrains marécageux auxquels elle touche.

Nous voici en présence de ces terrains fertiles, de ces coteaux dorés, de ces vignobles fameux dont les produits exquis sont recherchés sur tous les points de la terre : vins généreux qui déposent dans les coupes où ils sont versés tous les germes de la joie aimable et de la bonne santé.

Nous touchons la première escale de la rive gauche de la Garonne.

Lagrange (R. G.) n'est qu'un groupe de quelques maisons bâties sur le bord de l'eau, un petit hameau dépendant de Parempuyre, commune importante, productive en bons vins et qui ouvre le chemin du Médoc.

Quoique Parempuyre échappe à nos regards, la bonne renommée dont jouissent les vignes de son territoire mérite d'être mentionnée. Les soins incessants apportés à la culture de celles-ci depuis quelques années en ont sensiblement amélioré les produits. Les vins de Parempuyre ont mérité un rang honorable dans la classification des vins du Médoc, et nous n'hésitons pas à signaler entre autres ceux de Château-Ségur-Ile-d'Arès, belle propriété de M. Heyrim, et de Château de Parempuyre.

Revenons à Lagrange.

Lagrange est aux canotiers de Bordeaux ce qu'Asnières est à ceux de Paris. C'est le rendez-vous de tous les joyeux amis de la navigation fluviale. Yachts, yoles, côtres, canots de toute dimension et de toute forme, ont adopté Lagrange pour centre commun de leurs courses nautiques : c'est le point de départ, de séjour, d'arrivée de ces gais canotiers qui, chaque dimanche, font retentir Lagrange des refrains de leur poète favori, canotier comme eux. C'est dans cet endroit qu'ils exercent leurs légères embarcations pour les grandes luttes nautiques qui ont lieu chaque année à Bordeaux et à Royan.

Le *Prince-Impérial* n'a fait qu'une pointe sur la rive gauche; il a hâte de nous ramener sur la rive droite, qu continue à dérouler les riants tableaux dont les premiers ont si agréablement attiré nos regards.

Nous approchons du point où la Garonne va changer de nom; où la Dordogne vient payer à la première le tribut de ses eaux; nous longeons Ambès et ses plantureuses rives, que nous abandonnons encore une fois pour débarquer les passagers qui se rendent à Macau.

MACAU (R. G.), à vingt-un kilomètres de Bordeaux, seconde escale de cette rive, continuation du pays du Médoc, et dans le voisinage de laquelle se trouvent situées de magnifiques propriétés, parmi lesquelles nous citerons *Gironville*, admirable domaine, dont son précédent propriétaire, M. Duffour-Dubergier, a lui-même écrit l'histoire fantastique, et qu'il a publiée dans un ouvrage de très grand luxe tiré seulement à cent cinquante exemplaires.

Nous citerons encore le *château de Cantemerle* et ses immenses dépendances, splendide propriété de la famille De Villeneuve, vaste domaine couvert de longues plantations de chênes et de pins, où se trouvent de belles pièces d'eau bordées d'arbres odoriférants et de nombreuses vignes, qui, soignées avec une rare perfection, produisent d'excellents vins.

De Macau, notre léger locomoteur nous reporte sur la rive droite, que nous côtoyons encore jusqu'à ce qu'enfin nous ayons doublé le *Bec-d'Ambès*. Là, nous avons atteint le confluent de la Dordogne et de la Garonne, point admirable de jonction des deux rivières dont les eaux, désormais mélangées, forment le grand fleuve qui, sous le nom de Gironde, va couler jusqu'à l'Océan.

Ici, toute description est superflue. Il nous faudrait un pinceau magique et une richesse de coloris dont nous nous avouons incapables pour reproduire le ravissant tableau qui s'offre aux yeux émerveillés.

Il suffit de tourner le dos à la proue du *Prince-Impérial*, puis de promener les regards sur le délicieux panorama en face duquel on se trouve, pour être convaincu de notre insuffisance.

Nous indiquerons seulement, à l'observateur placé comme nous l'avons dit, les points principaux de la vue imposante, de la grandiose composition que la nature s'est plu à étaler dans ses plus larges proportions et dans ses plus magnifiques développements : au centre, la riche végétation du Bec-d'Ambès ; à droite, les plaines luxuriantes du Médoc ; à gauche, les sites pittoresques dont la multiple variété forme un contraste charmant avec les gigantesques accidents de ce vaste et sublime tableau.

Bassens (R. D.). — Assis au pied et sur le penchant d'une des verdoyantes collines qui forment le prolongement de celles dont nous venons de parler et qui se profilent du nord à l'ouest, Bassens a l'aspect de ces jolis villages reproduits par Watteau, et auxquels cet éminent coloriste donnait la vie et le mouvement par la variété harmonique des tons et par la grâce de ses dessins. Du centre de bouquets d'arbres à haute tige, du milieu de haies vives artistement taillées, semblent s'élever, comme par enchantement, de charmantes habitations construites par l'architecture moderne, ou d'anciennes constructions que le temps a respectées, afin de laisser aux générations les plus reculées le cachet naïf et original de l'art primitif. Saluons donc de nos respects et de nos sympathies les heureux contrastes de l'art antique et de l'art moderne, tous deux encadrés dans les bordures charmantes qu'il appartient à la nature seule de créer.

Ce n'est pas trop dire de Bassens ; mais ce ne serait pas assez, si nous négligions de mentionner ici la bonne qualité de ses vins.

Montferrand (R. D.). — Ce serait nous répéter et fatiguer l'attention de nos lecteurs si nous cherchions à esquisser, comme nous venons de le faire pour Bassens, l'aspect qu'offre aux yeux le nouveau site devant lequel nous porte le *Prince-Impérial*.

Montferrand jouit de la même situation, de la même exposition, des mêmes avantages que son voisin ; il possède la même rive, la même inclinaison, la même verdure. Comme

Bassens, il produit d'excellents vins; l'un n'a rien à envier à l'autre.

C'est sur le territoire de Montferrand qu'est situé le château qui a appartenu à M. le comte de Peyronnet, ministre de Charles X, ancien garde des sceaux et l'un des signataires des fameuses ordonnances de 1830.

C'est encore sur le même territoire qu'eut lieu une anecdote encore peu connue. Nous n'hésitons pas à la raconter, parce qu'il s'y trouve mêlé un personnage qui a acquis à Bordeaux une grande notoriété et qui y jouissait d'une célébrité incontestable.

Voici l'anecdote :

Par une fraîche matinée du mois de mai, — l'année ne fait rien à la chose, — deux dames, deux châtelaines sans doute, se promenaient sur les bords de la grande rivière, sans craindre que l'humidité du sable altérât leur légère chaussure ou rafraîchît à l'excès leurs pieds délicats.

Dans leur course riveraine, les deux promeneuses firent rencontre d'un pêcheur qui rentrait au logis, portant d'une main ses instruments de pêche, et de l'autre deux belles aloses appendues à un brin de jonc. Il avait la tête couverte d'un chapeau de paille à larges bords; il était vêtu d'une blouse comme le dernier des manants.

A la campagne, on parle volontiers à un goujat, quand, en ville, on accorde à peine un léger signe de tête à une simple connaissance.

Ces dames, ou mieux l'une d'elles, usa de la liberté grande que donne l'air des champs :

— Vous êtes pêcheur, bon homme?

— Oui, madame.

— Vous avez fait là une belle pêche!

— Hé! hé!

— Vendez-vous votre poisson?

— Pourquoi pas?

— Voulez-vous me vendre ces deux aloses?

— Tout de même.

— Combien me les ferez-vous payer?

— Trente sous.

— Elles sont à moi! mais à une condition: c'est que vous allez nous suivre pour déposer les poissons au château.

— Tout de même!

Voilà nos deux promeneuses reprenant leur course et devançant de quelques pas le pêcheur, qui, maintenant la distance respectueuse entre le maître et le valet, entre le protecteur et le protégé, réglait sa marche sur celle des dames.

Chemin faisant, notre groupe fut croisé par des paysans de Montferrand ou des villages voisins. De ceux-ci, pas un qui ne se découvrît devant nos gens. Alors force inclinations de tête de la part des dames, force coups de chapeau de la part du pêcheur : les premières, persuadées que ces saluts muets leur étaient destinés; le second, sachant très bien à qui ils revenaient. Un incident naturel, mais inattendu, expliqua promptement le quiproquo.

— Bonjour, *moussu* Fonfrède [1]! cria d'un ton sonore un nouvel arrivant.

— Bonjour, mon ami! fut-il répondu par le pêcheur avec l'accent de la meilleure compagnie.

Cet échange de salut, cette différence d'expression dans le langage frappèrent d'étonnement, sinon de confusion, nos deux dames, qui se retrouvèrent en face de l'homme

[1] Henri Fonfrède, fils du conventionnel girondin, propriétaire et rédacteur du *Courrier de Bordeaux*, célèbre économiste et grand écrivain. La maison de campagne qu'il habitait était située à Montferrand.

que, il y a un moment encore, elles maintenaient à distance. Celle des deux qui précédemment avait pris la parole :

— Quoi ! dit-elle à l'illustre écrivain, vous êtes M. Henri Fonfrède?

— Lui-même, madame! journaliste et économiste à Bordeaux; pêcheur et marchand de poisson à Montferrand.

Cependant le *Prince-Impérial,* courant avec la même vitesse, a dépassé en les côtoyant l'île Cazeau, l'île du Nord et l'île Verte, toutes trois situées à peu de distance les unes des autres au milieu du fleuve, comme des oasis sur le sable du désert.

L'île Cazeau, la plus étendue et la plus importante, constitue à elle seule une riche et grande propriété. On y récolte de bons foins, des céréales et les artichauts les plus estimés du département.

Notre steamer a aussi dépassé la première escale de la Gironde.

Pain-de-Sucre (R. D.), petite station qui n'a d'importance que par sa situation voisine du confluent, et la faculté qu'elle offre de débarquer les passagers ayant pour destination un des points de la rive droite de la Dordogne. Là, des voitures attendent l'arrivée des bateaux pour transporter les voyageurs qui se rendent à Bourg et à Saint-Savin ou dans les villages situés entre ces deux petites villes.

Bourg, que nous venons de nommer, est une petite ville de haute antiquité, située non loin du confluent des deux rivières. Elle existait en 394. On y voit encore quelques ruines d'une ancienne abbaye de l'ordre de Saint-Augustin, fondée en 1124. Cette petite ville, dont la population s'élève à trois mille âmes, est située sur un coteau en face du Bec-d'Ambès; elle jouit d'une perspective magnifique et domine le cours de la Gironde. Les vins de Bourg sont très estimés.

Déjà l'effet du confluent devient sensible, le lit du fleuve prend de plus grandes proportions; les plaines de la rive gauche augmentent en étendue, tandis que celles de la rive droite offrent un nouvel et saisissant aspect.

Puisque le *Prince-Impérial* nous porte de ce côté et qu'il se maintiendra quelque temps encore dans cette direction, profitons de sa marche pour explorer du regard les rivages qui affectent si brusquement des formes bizarres, abruptes et en tout dissemblables à celles que nous venons de quitter.

On serait tenté de croire que, dans les temps les plus reculés, par suite d'un de ces grands cataclysmes qui ont bouleversé la surface du globe, l'Océan, rompant ses digues, a étendu de terribles ravages dans le golfe de Gascogne; que, se précipitant avec fureur sur les terrains qu'il envahissait, il a, en découvrant d'un côté une grande étendue du sol, violemment fouillé l'autre, dont il aurait brisé les couches calcaires à une grande profondeur; enfin, que, déplaçant en quelque sorte son lit, il a mis à nu d'immenses surfaces et creusé d'immenses abîmes.

Ainsi se trouveraient expliqués l'état relatif et actuel des deux rives de la Gironde, la formation des belles et fertiles plaines du Médoc, la longue suite des falaises et la grande ligne rocheuse qui, partant de Pontaillac, vient, pour ainsi dire, s'éteindre au confluent de la Dordogne et de la Garonne.

Mais abandonnons cette hypothèse et reprenons notre itinéraire.

La ligne rocheuse que nous venons d'indiquer prend naissance à quelques kilomètres du confluent. Le *Prince-Impérial* longe cette ligne de rocs superposés. Il touche quatre nouvelles escales avant de gagner le port de Blaye. Ces escales portent les noms de *Lareuilhe*, de *Rigalet*, de *Roque de Tau* et de *Plassac*.

C'est un tableau curieux, intéressant, que celui qui se déroule depuis la première de ces escales jusqu'à la dernière. L'espace compris entre le bord du fleuve et le pied de la ligne rocheuse, ne présentant point assez d'étendue pour y construire des maisons, les habitants qui cultivent les champs voisins, les ouvriers qui extraient les pierres des nombreuses carrières de cette localité, ont mis à contribution le roc le plus voisin de leur travail ou de leur industrie. Que bien, que mal, ils ont profité des cavités, des assises les plus opportunes, et se sont ainsi créé des demeures souterraines, il est vrai d'un assez difficile accès, d'une salubrité douteuse, mais propres à mettre leurs familles à l'abri de l'intempérie et à rapprocher chacun de son labeur quotidien.

Cet aspect bizarre, unique dans son genre, n'a rien, au premier abord, qui attriste la vue ou fasse surgir de pénibles réflexions. L'irrégularité de l'alignement, la divergence des lignes disparaissent devant le bon choix des clôtures adaptées à la face extérieure de chaque habitation. Les portes, les fenêtres, soigneusement et proprement enchâssées dans leurs baies, ont un certain air de propreté au dehors qui semble indiquer l'ordre et la bonne tenue au dedans.

Néanmoins, quand, par la pensée, on cherche à se rendre compte de l'état de salubrité de pareilles demeures, on arrive à concevoir de pénibles doutes. On se demande naturellement si l'agglomération des individus dans les familles nombreuses ne devient pas une cause morbide; si l'air vital circule en suffisante quantité; si la difficulté de l'accès n'est pas un empêchement fatal au déploiement d'exercices que la nature et l'hygiène prescrivent; si enfin, dans ces habitations improvisées, une humidité, causée par l'infiltration des eaux, n'engendre pas des miasmes délétères souverainement nuisibles à l'économie animale.

Que si, au contraire, nos prévisions étaient le résultat de craintes inopportunes, nous féliciterions les habitants du roc du choix de leur demeure. Ils auraient transformé en vérité l'affreux paradoxe d'un vieux propriétaire avare mis en scène par nos anciens vaudevillistes, et auxquels ces derniers faisaient dire :

Quand on n'a pas de quoi payer son terme,
On doit avoir une maison à soi...

PLASSAC, la dernière des escales que nous avons nommées plus haut, est aussi la plus rapprochée de Blaye, auquel le *Prince-Impérial* touchera dans un instant. Ce joli village brise la ligne rocheuse qui nous a suggéré les quelques considérations que l'on vient de lire. C'est sur son territoire qu'est situé le château de Lagrange, qu'il ne faut pas confondre avec le Lagrange de la rive gauche, station bruyante et joyeuse des jeunes canotiers.

Le château de Lagrange, autrefois manoir féodal, est aujourd'hui l'un des plus riches et des plus vastes domaines des deux rives. Dans ce bien patrimonial des marquis de Lagrange, le propriétaire actuel, sénateur de l'Empire, vient chaque année se reposer des fatigues occasionnées par les hautes fonctions qu'il exerce dans l'État, et présider à une hospitalité aussi libérale que courtoise.

A quelque distance de Pain-de-Sucre et sur la même rive, se trouve une délicieuse maison de plaisance qui a aussi son cachet d'antiquité. Une ancienne tour, débris et souvenir des anciens âges, est restée enclavée dans cette jolie propriété. Conservée avec respect et restaurée avec goût, elle est devenue la retraite chérie, le cabinet d'étude, l'atelier de peinture de la fille d'un grand artiste, d'une femme aussi distinguée par les charmes de son esprit que par son excellence dans les arts, qu'elle cultive avec enthousiasme et qui ne l'ont jamais détournée des tendres sentiments de la famille, du dévouement que celle-ci impose. Si la discrétion et les convenances ne nous faisaient la loi d'un respectueux silence, il nous eût été doux de substituer l'éloge à la citation. Nous nous bornerons à dire : Heureuses les familles qui, sur les murs de leur demeure des champs, peuvent écrire ces mots du poète latin :

Deus nobis hæc otia fecit !

Château de Lagrange.

Blaye (R. D.), chef-lieu d'arrondissement de la Gironde, fut dans les temps anciens un port de grande importance. Il n'est plus qu'une station où s'arrêtent quelquefois les navires, pour y attendre le vent favorable, le flux ou le reflux, soit qu'ils se rendent dans l'Océan, soit qu'ils fassent route pour Bordeaux.

Cette ville remonte à une haute antiquité; les vieux auteurs la désignent tantôt sous le nom de *Blavia*, tantôt sous celui de *Promontorium Santonum*.

Nous citerons, sans les affirmer, quelques-uns des faits historiques que les chroniqueurs lui attribuent. C'est dans les murs de Blaye, disent les uns, que Charibert, roi de Paris, mourut en 567. D'autres publient que Charlemagne y fit enterrer, en 778, son neveu Roland, tué à Roncevaux :

« Charlemagne, — dit le vieux chroniqueur de Bordeaux, » — fit faire des honneurs magnifiques aux princes et sei» gneurs français, lesquels par l'embusche des Gascons et » Biscaïns, avaient été défaits et tués à Ronceveaux, sur » le passage des monts Pyrénées, et ensevelir leurs corps à » Bourdeaux; et quant au corps de Rolland, son neveu, et » admiral de Bretagne, il le fit porter à Blaye et ensevelir » dans l'église Saint-Romain, avec son épée qu'on appelle » *Durandal*, mise sur son chef, et son cor (olifant) aux » pieds du sépulcre. Lequel corps, toutefois fut depuis porté » à l'église Saint-Seurin lès Bourdeaux, et l'épée à Roque» mador en Quercy. »

En 1568, les protestants s'emparent de Blaye, saccagent les églises et détruisent le tombeau de Charibert. Deux ans plus tard, les habitants s'étant déclarés pour la Ligue, le maréchal Matignon vint les assiéger ; mais, grâce aux Espagnols qui accoururent à leur secours, il fut obligé de lever le siége de la ville.

Ce ne sont là que quelques-uns des événements historiques de Blaye qu'on trouve parfaitement résumés, depuis son origine jusqu'à nos jours, dans le bel ouvrage publié par Furne, en 1845, et qui a pour titre : *Histoire des Villes de France.*

Nous ne dirons plus qu'un mot de deux événements modernes :

On se rappelle avec orgueil qu'en 1814 les Anglais tentèrent en vain de s'emparer de la citadelle de Blaye, dont les canons foudroyèrent leurs vaisseaux.

En 1832, sous le ministère de M. Thiers, la duchesse de Berry fut détenue captive dans cette citadelle, sous la garde du général Bugeaud, depuis maréchal de France. La malheureuse princesse ne recouvra sa liberté que le 8 juin 1833.

La ville de Blaye est divisée en *haute* et *basse*. Cette dernière partie occupe le pied de la croupe d'un rocher, au sommet duquel est la citadelle. Quoique modernes, les fortifications contrastent bizarrement avec le château gothique, flanqué de quatre bastions qu'entourent des fossés larges et profonds.

Les glacis, plantés de grands arbres, forment une belle promenade. Après la citadelle, il n'y a de remarquable que l'hôpital et une jolie fontaine.

La rade où mouillent quelques navires est grande et belle. On estime que la largeur de la rivière a, là, une étendue d'au moins quatre kilomètres.

Plus de deux cents caboteurs, faisant le commerce avec les côtes de la Saintonge et de la Bretagne, viennent annuellement charger les vins estimés que l'on récolte sur les coteaux qui environnent Blaye.

La ville, dont la population tend à s'accroître de plus en plus, compte maintenant cinq mille habitants.

Un service de voitures correspondant avec les bateaux à vapeur transporte les voyageurs de Blaye à Saintes, Cognac et autres lieux circonvoisins.

Vue de Blaye.

Pour compléter la défense de la citadelle et l'entrée de la Garonne, on a construit deux forts : Le *Fort de Médoc,* situé sur la rive gauche, et le *Pâté,* élevé dans un îlot qui n'est distant de la ville que d'un kilomètre.

Blaye est à quarante-sept kilomètres de Bordeaux, vers le Nord.

Blaye jouit des avantages d'une ligne télégraphique.

On y trouve des voitures qui transportent les voyageurs dans les localités circonvoisines.

Les hôtels de la ville les plus renommés sont ceux de l'*Union* et du *Lion d'Or.*

Après avoir doublé le fort *le Pâté,* nous nous retrouvons sur la gauche du fleuve et nous abordons :

BEYCHEVELLE (R. G.), station peu intéressante par son développement, mais très importante parce qu'elle est un des points riverains du Médoc, immense étendue de plaines et de coteaux, située entre Blanquefort et Saint-Christoly-de-Conquèque. Les produits annuels réunis des deux points extrêmes de ce fertile pays égalent, s'ils ne les surpassent, les revenus que produisent, par la vente de leurs céréales, les champs de la Beauce et de la Brie, ces deux grands greniers de la France [1].

Puisque nous parlons encore une fois de cette magnifique contrée, dont nous avons déjà nommé quelques célèbres localités, comme l'Ile-d'Arès, Parempuyre, Gironville et Cantemerle, nos lecteurs ne nous sauront pas mauvais gré de

[1] Pour en fournir un exemple, nous pouvons affirmer que, tout récemment, une partie de vin de Haut-Brion (classé au quatrième rang des hauts crûs du Médoc) a été vendue au prix de 4,000 fr. le tonneau. — La récolte moyenne de ce vin est de quatre-vingt-dix tonneaux. — Le tonneau bordelais contient quatre barriques. — La barrique est d'une contenance de deux cent vingt-huit litres.

mentionner ici les noms des vignobles du Médoc qui jouissent de la plus haute renommée. Leur célébrité n'est pas seulement européenne, elle est universelle.

Voici ces noms :

Château-Margaux, — Château-Laffitte, — Léoville, — Latour, — Cos-d'Estournel, — Branne-Mouton, — Pichon de Longueville, — Laroze, — Lagrange, — Milon-Castéja, — Beychevelle, — Issan, — Saint-Pierre, — Giscour, — Lanessan, — Citran, — d'Agassac, — Saint-Estèphe, etc.

Enfin, comme complément du tribut que nous sommes heureux de payer à ce beau pays, favorisé de Dieu, empruntons à une plume plus élégante que la nôtre, à un esprit charmant, à un spirituel écrivain, quelques pages, perles détachées d'un riche écrin sur la couverture duquel brillent comme de scintillantes étoiles chacune des lettres qui forment ces mots : *L'Été à Bordeaux*[1].

Ainsi, nos lecteurs auront le temps, avant d'atteindre la station de Pauillac, de faire une connaissance intime avec le Médoc et d'apprécier le mérite d'un des plus habiles viticulteurs du Bordelais, dont on déplore la perte.

Nous cédons la parole à M. Saint-Rieul-Dupouy :

« Puisque nous avons parlé de vins, et que le Médoc s'est rencontré sous ma plume, il est impossible que nous ne consacrions pas un chapitre de ce livre à l'un des hommes de notre Gironde le plus expérimenté dans cet art si difficile de la culture de la vigne, et dont le nom fera toujours autorité dans cette matière. — Je veux parler de M. d'Estournel.

Qui ne connaît, du reste, M. d'Estournel, le grand vigneron de ces contrées, l'aimable et bienveillant propriétaire

[1] *L'Été à Bordeaux*, par J. Saint-Rieul-Dupouy, chez Féret, libraire-éditeur, cours de l'Intendance, 15, à Bordeaux.

de ce fameux vin de *Cos*, qui fait les délices de l'Inde? Qui n'a entendu parler à Bordeaux de ses magnifiques domaines de *Cos* et de *Pomys*, deux merveilles architecturales? — Pomys! une blanche villa italienne, calme et douce, à moitié perdue au milieu de ses jeunes ombrages! Terrasses, colonnades, jardins anglais, fontaines jaillissantes dans leurs frais bassins de marbre, prairies, vergers, parc immense! — Cos! une féerie, un vrai palais de Chine, une pagode indoue! Dômes élevés, coupoles que frappe le soleil, arcades toutes grandes ouvertes comme un arc de triomphe où va passer un roi, tourelles découpées à jour, pavillon chinois où l'air en passant agite mille sonnettes. — « Qu'est-ce donc que ce palais? » demande le voyageur qui passe devant Cos, en allant de Bordeaux à Saint-Estèphe? — « C'est le parc à bœufs de M. d'Estournel, répond le paysan qui revient de ses travaux des champs; plus loin, vous apercevez les *chais* et les autres servitudes. »

Quoi! ces murailles élevées, ces dômes, tout ce luxe d'architecture, autour duquel se groupent les plus beaux arbres et les plus belles nappes de vignes, pour qui semblent faits tout cet horizon, et tout ce paysage, et tout ce ciel, et tous les regards des voyageurs à pied, à cheval, en voiture, qui passent sur la route; quoi! ce ne sont là que des *chais* et des écuries? Mon Dieu, oui! c'est dans ce lieu que viennent dormir chaque soir, bien repus, étendus dans le fourrage, les chevaux de labour, les bœufs destinés aux travaux du lendemain; c'est pour eux que M. d'Estournel a bâti ces magnifiques étables, qui auraient pu servir de temple au bœuf Apis lui-même, ces *chais* splendides qui sont une des curiosités du pays.

La grande passion de M. d'Estournel, celle pour laquelle il n'a jamais connu ni fatigues ni sacrifices, qui a rempli toute sa vie, et pour laquelle il a dépensé des millions, c'est la passion de faire du vin; personne plus que lui n'a été versé dans ce grand art, et personne n'y a mieux réussi. — Le vin a été pour M. d'Estournel ce qu'est pour un autre la passion des tableaux, des vieux meubles, des marbres et des riches collections; il a fait pour son vin ce que fait l'artiste pour sa toile qui sera un chef-d'œuvre, ce que fait le poète pour son livre qui doit le rendre immortel. — Touchant à *Château-Laffitte* et le dominant du haut de ses collines, l'unique ambition de M. d'Estournel est de lutter contre cette vieille réputation, et de prouver à tous les connaisseurs l'excellence de son crû et la supériorité de ses produits. On ne peut, en effet, se figurer les sacrifices énormes de M. d'Estournel pour l'entretien, et surtout pour l'amélioration de ses vignobles. Depuis vingt ans, par exemple, toutes ses vignes de Cos ont été renouvelées et greffées; préférant la qualité à la quantité, il a remplacé les cépages ordinaires, qui lui donnaient davantage, par les cépages les plus fins, qui ne produisent que très peu, mais font un vin supérieur. — Or, tandis que M. d'Estournel poursuit ce système, excellent quant au consommateur, mais ruineux pour le propriétaire, les grands crûs classés, sûrs à l'avance de toujours vendre un haut prix au commerce, intéressés par conséquent à produire le plus possible, suivent le procédé contraire; l'on ne s'en aperçoit que trop, d'ailleurs, dans l'affaiblissement de la séve de presque tous nos grands vins du Médoc.

M. d'Estournel avait compris que nos grands vins du Médoc méritaient bien ces sacrifices; aussi son vin fait, il le mettait en réserve, attendant des buveurs assez illustres pour le boire. — Certes, ce n'est pas lui qui l'eût livré jamais à un consommateur vulgaire. — Le commerce lui-même, pendant plus de trente ans, n'a pu dire qu'il les ait eus en circulation : non pas qu'il ne les eût bien voulus; mais quand, la récolte faite, arrivaient, la sonde d'argent à la main, MM. les Courtiers, ces grands-prêtres brevetés et patentés du Dieu-Alcool, ces espèces de *chargés d'affaires*, que le commerce envoie partout où produit la vigne ; quand ils venaient, disant à M. d'Estournel : « Donnez-nous vos vins, » — lui, il répondait : « Je n'en ai pas à vendre, Messieurs ; allez chez mon voisin, si vous voulez. »

C'est que, mieux que personne, M. d'Estournel sait dans quel grand discrédit sont tombés nos vins de Bordeaux, depuis que tout le monde s'est mêlé d'en trafiquer. Il sait que le commerce a tué lui-même cette industrie en France et à l'étranger, à force de vouloir en vivre. — Quelle ville, en effet, n'a été sillonnée en tout sens par des commis-voyageurs français, offrant pour du vin de Bordeaux d'affreuses drogues, au nom de je ne sais quelle maison inconnue qu'ils *représentent*, et qui, à les entendre, est toujours la première maison de la place ? — Ainsi, il est prouvé qu'il se boit aujourd'hui mille fois plus de vin de Médoc que le Médoc n'en produit réellement ; — à la faveur d'une *étampe*, il est si facile de faire passer du *Saint-Macaire* ou de l'*Entre-deux-Mers* pour du *Château-Margaux !* Mais, au milieu de tant d'indignes tromperies, dont le propriétaire est quelquefois le complice, l'étampe de M. d'Estournel est toujours restée pure et sans tache, comme ces armes des chevaliers du moyen-âge, qu'ils portaient empreintes sur leur écu.

M. d'Estournel expédie ses vins lui-même, et seulement quand ils ont acquis ce degré de vieillesse qui permet de les mettre en bouteilles ; il en a peut-être, à cette heure, dans ses celliers de Cos et de Pomys, quinze ou dix-huit cents barriques, attendant le jour et l'heure de leur bienheureuse translation dans la bouteille Eyquem ; car, pour ses vins en bouteilles, sont toutes les prédilections, toutes les faveurs et tous les sourires les plus bienveillants du maître. — Dans l'ardeur de son enthousiasme, il leur a bâti, au plus bel endroit de sa maison du cours de Tourny, une véritable habitation de prince. — Ce n'est là, du reste, que la cave particulière de M. d'Estournel, sa bibliothèque intime, celle qui ne contient que les chefs-d'œuvre ; c'est le spécimen et comme la préface de ses caves du Médoc.

Qui dit cave semble dire un souterrain humide et sombre, avec une voûte qui suinte, et où l'on descend par un escalier tortueux et sale. — Celle de M. d'Estournel est bien différente ; vous y arrivez par une petite cour pavée en asphalte et sous un berceau de roses et de chèvrefeuilles, au travers duquel on aperçoit une petite façade bordée de ciselures et d'ornements bachiques, avec un balustre soutenu par des bouteilles en pierre sculptées, et supportant un écusson aux armes de M. d'Estournel. La porte s'ouvre, et vous voilà dans un salon aux dorures étincelantes, éclairé par des lampes et des bougies. — Ajoutez à cela quelques glaces, quelques tentures de soie, jetez dans cet angle une causeuse, couvrez le parquet d'un tapis d'Aubusson, et l'illusion sera complète. — Qui donc, avant M. d'Estournel, avait jamais eu la pensée de loger son vin ainsi ?

Là, dans ces catacombes dorées, dans ce luxe, et sous la lumière des bougies, vous pouvez compter jusqu'à *cent cinquante mille* bouteilles de *Cos,* reposant les unes à côté des autres, et toutes couvertes de cette mousse honorable du temps, qui est leur gloire. — Là, rien n'est mêlé, rien n'est confondu ; mais au contraire, tout est dans le plus grand ordre. La hiérarchie règne dans la cave de M. d'Estournel aussi bien et mieux que dans l'État. Chaque casier a son étiquette sur un écusson aux armes du maître; c'est tour à tour 1841, 1828, 1831, fameuse année avec lettre — R — gravée au dessus.

C'est là le diamant le plus précieux, la perle la plus admirée de l'écrin bachique de M. d'Estournel; j'affirme même que celle-là vaut mieux que la perle fondue de Cléopâtre! Cette lettre R, savez-vous ce qu'elle signifie? — Elle signifie: *Retour de l'Inde,* ce qui veut dire que ces vins ont fait deux fois le voyage de l'Inde avant de se faire boire! Aussi, c'est d'une couleur, d'une limpidité, d'une trasparence, d'une saveur idéales; ça brille, ça étincelle, ça éclate; le rubis n'est rien auprès.

C'est de ce petit coin du monde, inconnu et caché à tous les yeux, qu'ils partent chaque année pour aller désaltérer les plus riches buveurs de Pondichéry, de Calcutta, de Chandernagor, de Madras, de Bénarès et de Masulipatam, toutes ces villes de l'Inde aux noms sonores; mais avant de partir, avant de quitter cette ombre si doucement éclairée, et ces murailles brillantes, et ces voûtes dorées, avant de dire adieu à ce ciel français, à ce soleil français, à cette douce terre natale qui les a faits ce qu'ils seront toujours, les vins les plus exquis du monde, ne vous semble-t-il pas entendre entre eux et leur maître quelque chose qui ressemble à ce dialogue muet: « Adieu, adieu, mes vins de Cos, que la traversée vous soit heureuse! que le navire vous porte sans danger jusqu'à ces bords de l'Indus et du Gange où la lumière éclate, où le ciel de feu provoque à vous boire! »

Et les vins de répondre dans leur mince robe de verre, du fond de leur caisse étampée: « Eh quoi! vous qui nous aimiez tant, vous nous laissez partir pour aller désaltérer je ne sais quels Anglais *spleenatiques* dont le palais est brûlé par l'eau-de-vie! Hélas! ils ne comprendront pas plus notre bouquet, les profanes! qu'ils ne comprennent la langue française qu'ils estropient; laissez-nous donc ici l'honneur, la gloire et l'esprit du repas français! laissez-nous plutôt rougir les lèvres, animer le teint, le sourire, donner l'éclat aux yeux des jolies femmes. » — « Mon Dieu, » répond à son tour leur noble maître, « ce n'est pas moi qui vous chasse, mes bons amis, c'est la France, c'est votre patrie qui ne veut plus de vous; demandez plutôt au gouvernement français pourquoi il ne vous laisse pas circuler librement dans ses ports et dans ses villes, au lieu de vous accabler d'impôts vexatoires. Certes, j'aurais bien voulu vous garder, vous qui me rendez si heureux et si fier; mais puisque personne ne peut plus vous acheter ici, il faut bien, par force, chercher à vous faire boire ailleurs. »

Heureux aujourd'hui sont les propriétaires qui ont su se créer un débouché pour leurs vins; sans cela, grâce aux droits énormes qui pèsent sur eux, les vins ne s'écoulent pas. Certes, c'est bien le cas d'être triste, en voyant cette industrie vinicole, qui a été si longtemps la richesse d'une des plus grandes cités de France, mourir, faute d'avoir trouvé un appui et des sympathies dans le Gouvernement. Hélas! Bordeaux, cette belle ville, si heureuse, si opulente et si riche, plus fière de son Port que d'avoir donné le jour à Montesquieu, elle qui envoyait ses vaisseaux sur toutes les mers, qui vivait de cette grande vie du commerce, elle n'a plus aujourd'hui qu'une existence de hasard; ne la cherchez plus que dans le passé, car son présent n'est plus qu'une ombre qui s'efface chaque jour. Tout mouvement, toute vie s'est retirée aujourd'hui de son Port, où les navires sont à l'ancre, attendant un chargement qui ne vient pas, et dont quelques rares travailleurs suffisent à troubler la solitude et le silence!

Mais c'est surtout le Cos 1828 et 1831 — *Retour de l'Inde* — qui peut être regardé comme sans rival sur toutes les tables, et dont M. d'Estournel peut à bon droit se montrer aussi fier que M. de Metternich est fier de son fameux vin de Johannisberg, l'une des merveilles de l'Autriche.

Ce 1828 et 1831 — R, — il faut le boire avec recueillement et à genoux, en se rappelant les plus beaux passages des grands poètes bachiques de l'antiquité et des temps modernes : Anacréon, Ovide, Horace, Tibulle, Parny, Collet, Panard, Désaugiers et Béranger, l'Horace français ! Mais où donc êtes-vous, vous tous les grands poètes, les doux poètes, les chantres des beaux yeux, de la grâce, du courage et du bon vin ? où donc êtes-vous, pour chanter ce nectar préférable pour la saveur et le bouquet à celui que le beau Ganymède versait à boire au maître des dieux ?...

Du reste, en buvant ce vin qui a fait six mille lieues sur mer, vous vous sentez vous même, tout à coup, poète ; son bouquet vous apporte avec lui je ne sais quel parfum des grandes savanes et des forêts vierges, comme si du large calice des fleurs indiennes, des orangers, des tulipiers, des palmistes et des aloès ; de partout, enfin, du ciel, de la terre et des eaux, arrivaient jusqu'à vous les chaudes et enivrantes senteurs du Tropique !

Fermez les yeux ; déjà toute chose s'agite, rayonne, glapit ou chante ! l'oiseau, l'herbe et l'insecte ; le tigre et le lion rugissent au fond de leurs antres ; l'éléphant embarrasse son pas dans les lianes ; l'aras au plumage rouge, les perruches vertes et les perroquets jaseurs perchent sur les arbres ; le colibri, le bengali et l'oiseau-mouche traversent l'air comme des pierreries vivantes et ailées ; la pastille odorante brûle dans votre pipe de porcelaine ; étendu sur des piles de carreaux, vous voyez passer, devant vos yeux, toutes sortes de femmes, blanches, jaunes, rouges, cuivrées ; les bayadères dansent à l'ombre de la grande pagode indoue sur des nattes de jonc parfumé, les pieds nus et des cercles d'or aux jambes. Je vous demande enfin tout ce qu'on ne voit pas en ce moment au fond de son verre. Oh ! l'influence du bon vin !

Il est vrai que n'en boit pas qui veut ; quelques rares privilégiés, quelques rares gourmets illustres jouissent seuls de ce grand privilége. Ainsi, en Europe, trois souverains seulement boivent habituellement du *Cos-d'Estournel* R. : ce sont S. M. la Reine d'Angleterre, M. le baron de Rothschild, le roi des banquiers, et l'Empereur de toutes les Russies.

Quelle gloire pourtant de voir placé avec honneur, sur les tables les plus illustres, le vin que vous avez cueilli et cultivé de vos mains ; d'entendre circuler votre nom d'un pôle à l'autre, plus populaire que le nom des plus grands poëtes, prononcé au dessert par les plus jolies bouches du monde.

C'est qu'en effet, tout caché qu'il était dans sa maison de la ville ou bien dans sa maison des champs, au milieu de ses fleurs et de ses arbres, cet homme aimable n'en régnait pas moins sur tous les buveurs de ce monde : — « J'ai chez moi la grande pharmacie, disait-il, et je défie tous les médecins allopathes, homœopathes, et surtout hydropathes, de faire plus de cures que moi. » — Vous tous donc, qui souffrez du cœur, de la tête, de la pensée, vous tous qui êtes fatigués de la vie, allez puiser à l'Hippocrène de M. d'Estournel !... »

Mais la cloche du *Prince-Impérial* résonne ; c'est le signal d'un nouveau temps d'arrêt ; c'est l'annonce de l'arrivage du steamer à Pauillac.

Pauillac (R. G.), chef-lieu de canton, est séparé de l'arrondissement de Lesparre par une distance de vingt kilomètres. La population de cette petite ville dépasse quatre mille habitants. Deux faits constatent son antique origine. Ausone l'a chantée dans une épître adressée à son ami Théon :

Pauliacus tanti non mihi villa foret.

Les haches en jaspe et en serpentine dure, découvertes dans ses environs, sont encore une preuve de sa haute antiquité.

Aujourd'hui, Pauillac tire sa principale importance de deux circonstances qui, d'ailleurs, ont un véritable intérêt. Il est le centre de mouvement et l'entrepositaire momentané des vins précieux récoltés dans le Médoc; il est le port où s'allégent les navires auxquels un chargement trop considérable ne permet que difficilement de remonter le fleuve pour atteindre Bordeaux. C'est de Pauillac que sont entraînés, par les remorqueurs de la Compagnie Dumeau et Heyrim, tous les bâtiments d'un fort tonnage.

La rade de Pauillac est large et belle; elle est comprise entre la ville et le lazaret de Trompeloup, éloigné de celle-ci de trois kilomètres et où doivent séjourner les navires soumis à la *quarantaine*.

Devant Pauillac, la largeur de la Gironde mesure au moins huit kilomètres. Des phares flottants et de couleurs différentes indiquent aux navigateurs les passes à suivre et les bancs à éviter.

Pauillac, considéré comme lieu de passage, ne manque ni de mouvement ni d'animation; mais, s'il n'offre aux yeux de l'observateur et de l'archéologue aucun aspect monumental, aucun spécimen de l'art ancien, au moins offre-t-il un aspect que rendent de plus en plus intéressant les richesses du sol au milieu duquel il se trouve situé.

Pauillac, s'il n'est tout à fait le centre du Médoc, en est le point le plus important sur les bords de la Gironde. Vu du milieu du fleuve, il apparaît entouré de hautes futaies, d'une multitude de collines, de vastes champs couverts de pampres. A de courts espaces, des châteaux modernes aux grandes lignes ou des châteaux gothiques aux tourelles surmontées de toits bleus et pointus varient incessamment l'aspect et donnent à cette immense ligne le charme et la magnificence du plus grandiose tableau que puisse rêver l'imagination.

De ce que nous venons de dire, on conclut facilement que Pauillac doive être incessamment fréquenté par les acheteurs et les négociants en vins; ses communications avec Bordeaux sont incessantes, et l'activité qui règne dans ses murs est journellement entretenue par l'arrivée et le départ des bateaux à vapeur qui y font un service quotidien et régulier.

Des voitures correspondant avec l'arrivée et le départ des steamers transportent les voyageurs à Lesparre et à Regadan, ou les amènent de ces deux points à Pauillac.

Les principaux hôtels garnis de Pauillac sont ceux du *Commerce*, de *France* et de *Richelieu*. Le premier et le plus renommé est celui du *Commerce*. Les caves de son propriétaire renferment les meilleurs vins du Médoc.

A trois ou quatre kilomètres de distance, sur la même ligne ou sur des lignes parallèles, de Beychevelle à Saint-Christoly, se dressent et s'élèvent gracieusement les flèches blanches et légères de nombreuses églises dont le fréquent rapprochement n'est pas seulement l'indication d'une population nombreuse, mais la démonstration éloquente de la richesse du sol.

Des crûs du Médoc dont nous avons donné plus haut les noms, il n'est pas un seul sur le sol duquel ne se dresse une de ces riches demeures qui ont donné leur nom à la localité ou qui ne l'ait emprunté d'elle.

De Saint-Christoly à la Pointe de Grave, où se termine la rive gauche, il ne nous reste plus à parler que de Soulac et du Verdon.

Soulac. — A quelques heures du Verdon, sur le versant de l'Océan, se trouve une ville ensevelie sous les sables, à laquelle nous devons une mention toute spéciale, par l'importance qu'elle a acquise depuis quelques années.

M. de Kérédan, archéologue et savant bordelais, a publié sur cette ville un travail intéressant auquel nos lecteurs nous sauront gré d'avoir fait un emprunt.

« Une ville assise, dit-il, sur les bords de la mer d'Aquitaine fut longtemps florissante. Son commerce était considérable, ses relations étendues; son port, fréquenté par les galères royales, vit, pendant trois siècles, s'embarquer les princes d'Angleterre, quand ils voulaient rentrer dans la Grande-Bretagne, après avoir passé quelque temps dans leurs États de Guienne. Cette ville, qui fut le théâtre d'événements divers et qui résista aux horreurs de guerres longues et cruelles; cette ville, qui soutint vaillamment les ravages d'invasions étrangères, où les vainqueurs se battaient plus pour les conquêtes que pour la gloire, ne put pas vaincre un ennemi voisin, et ne sut pas se défendre contre les sables de l'Océan que des vents impétueux jetaient sans cesse sur ses murailles. Bientôt, l'infortunée cité tout entière est envahie par cette poussière des mers et engloutie sous un vaste tombeau, comme les gigantesques monuments du désert africain. Pour ne pas périr avec leurs foyers, ses habitants sont obligés de fuir ces lieux sinistres, et de créer loin du rivage consacré par le souvenir d'Ausone, d'Éléonore de Guienne, de Talbot, de Pey-Berland, de La Boétie

Vue de Pauillac.

et de Montaigne, de nouvelles demeures, de nouveaux autels et de nouveaux champs. Ces bords, devenus déserts et abandonnés, n'eurent dès lors pour témoins de la désolation du pays que les sables, auteurs de sa ruine. Enfin, le génie de l'homme ayant fixé et immobilisé ces dunes voyageuses, au moyen de semis de pins qui prospèrent à merveille sur les débris carbonisés de la forêt gallo-romaine, les générations actuelles ont pu revenir près du berceau de leurs ancêtres.

» L'heure de la résurrection a sonné enfin pour cette ville, accablée tour à tour par les désastres de la guerre et la fureur des éléments. Soulac, — c'est son nom, — situé au sommet de la péninsule du Médoc, non loin de Royan et du Verdon, et victime de l'envahissement des sables de l'Océan, sort aujourd'hui de son tombeau, après un sommeil de plusieurs siècles; Soulac, cet Herculanum girondin, témoin d'actions mémorables au temps de l'occupation de la Guienne par nos voisins d'outre-Manche, des guerres des protestants de la Saintonge et des troubles de la Fronde, va renaître à la vie, reprendre sa place parmi les vivants, son rang parmi les villes florissantes.

» Grâce aux efforts et à l'initiative de Son Éminence le cardinal Donnet, archevêque de Bordeaux, on peut apercevoir aujourd'hui, dégagée des sables qui l'obstruaient, l'antique basilique, Notre-Dame de la Fin-des-Terres, ainsi nommée par sa position à l'extrémité de la péninsule médoquine : grande œuvre où le souffle de l'art se dévoile comme dans toutes les œuvres du moyen âge, vivifiées par le souffle de Dieu.

» Aujourd'hui les ports sont comblés, les villes submergées, les forêts ensevelies sous les dunes. Ce golfe de Gascogne est une vaste nécropole. Ils sont engloutis dans les flots, ces rivages jadis renommés où le poète Ausone accourait près de son ami Théon, pour se livrer avec lui à la littérature et au plaisir de la pêche. Artigues-Extremègre dort aussi dans le même tombeau, ainsi que le souterrain fameux qui sauva, lors du débarquement de Talbot, l'honneur de la jeune et courageuse épouse d'Arsac, si dévouée aux infortunes de la France et de Charles VII. Où gît l'abbaye des Bénédictins, cette Sorbonne cloîtrée, cette université monastique qui tira de l'oubli les savantes dépouilles de l'antiquité? Enfin, qu'est devenue cette seigneurie de Lilhau, où Montaigne venait chez son frère pour lire ses immortels *Essais* et pour adoucir la douleur que lui causaient les haines religieuses de son temps, la mort d'Étienne de La Boétie et la si poignante folie du Tasse? Quant au temple de Jupiter, il n'existe également que dans la tradition. »

Soulac est la ruine, il est vrai, mais la ruine intelligente qui parle à l'homme et l'appelle à penser.

Dans la belle saison, des pilotes et des pêcheurs y transportent les touristes moyennant une rétribution largement compensée par les émotions et les souvenirs que viennent réveiller ces antiques débris.

Le Verdon. — La dernière localité que le voyageur aperçoit sur la rive droite de la Gironde est *Le Verdon*. Ce petit village, situé au bord de l'eau, n'a d'autre importance actuellement que d'être le point hydrographique de l'entrée du fleuve. Mais si le chemin de fer du Médoc arrive à fin, l'avenir deviendra aussi brillant pour lui que son passé a été obscur. A peu de distance se trouve la Pointe de Grave, extrémité du continent girondin dans l'océan Atlantique. Cette pointe, perpétuellement battue par la mer qui menace de la détruire, est depuis nombre d'années l'objet d'importants travaux hydrauliques de la part du génie militaire. Différents procédés ont été successivement essayés pour combattre la force de l'eau ; le système actuel consiste en lignes graduées de pieux (connus sous le nom d'*épis*) qui, divisant la lame et la forçant à se répandre en plaine, annihile ainsi ses effets. Jour et nuit, des ouvriers sont employés à réparer les pieux endommagés par les flots.

Sur l'extrémité de la dune du Verdon est placé un phare dont les feux convergent avec les feux du phare des *Lapins,* à la pointe de Suzac, et du phare de Saint-Georges, sur les rochers de Vallière.

Cordouan. — Au milieu des flots furieux et des ruines éparses dans les profondeurs de l'abîme, s'élève un rocher qui seul a résisté à la fougue des courants. Ce rocher, autrefois contigu au territoire de Soulac, a été séparé du continent par les coups réitérés des vagues de Gascogne, comme l'île d'Oléron, sa voisine, en est aujourd'hui distante d'environ trois lieues. Il porte sur ses flancs calcaires un phare au front superbe, aussi connu des marins que le cap de Bonne-Espérance et le détroit de Gibraltar. C'est la tour de Cordouan. Sa lumière est bienfaisante, et cependant, quand on contemple, dans les nuits d'orage, le fanal allumé exécutant ses éclipses périodiques, et qu'on songe à tous les sinistres qui ont eu lieu sur ce rivage inhospitalier, et à tous les vaisseaux qui se sont engloutis avec leur équipage au milieu des écueils, après avoir parcouru tant de mers, on ne voit plus en lui le flambeau qui montre le chemin au navigateur. Alors l'imagination, saisie de terreur, le prendrait volontiers pour une lampe funéraire qui veille sur les mânes des naufragés.

Riverains de la Gironde, voici venir la nuit !

Regardez le remous qui mugit entre les ruines de l'antique

Noviomagus (Soulac) et le rivage de Royan, et suivez, comme de coutume, la trace de l'amante plaintive qui reçut en vain le doux message du fidèle pélerin. La gloire acquise en Palestine n'a pu préserver de la mort le généreux Loïs, qui devait succomber près du port, dans les flots que sillonnèrent les *drakars* normands et les galères de l'Angleterre et de l'Espagne.

N'apercevez-vous pas, au milieu des débris d'un navire battu par la bruyante écume, l'ombre d'Élisène? Légère et rapide, elle traîne son long voile à la surface des eaux, et cherche le cadavre du beau Loïs de Cordovan.

Voyez comme cette âme en peine s'agite, et comme elle presse les gardiens de la tour d'allumer le phare qui doit, désormais, sauver du naufrage les amants prêts de périr sur la côte de Soulac. Mais, déjà une vive lumière se réfléchit dans les flots, car *Louis de Foy, le gentil ingénieur, a élevé son phare de gloire, plus miraculeux que le mausolée de Caric et le palais Mède;* et, au loin, scintille la brillante étoile de Cordouan.

Nous empruntons la description de ce monument à la *France Pittoresque*, publiée par Delloye en 1835 et due aux savantes recherches et aux connaissances spéciales d'un ancien officier d'état-major :

« Ce phare, dit-il, le plus élevé de tous ceux qui existent en France, est situé à l'embouchure de la Gironde, à douze kilomètres de Royan et à quatre-vingt-huit kilomètres N.-O. de Bordeaux. Il se compose d'une tour de forme pyramidale, qui a été construite sur un massif de rochers, reste d'une langue de terre que les eaux de la mer ont submergée.

» L'origine de cet utile établissement remonte, à ce que l'on croit, au règne de Louis le Débonnaire. Ce n'était d'abord qu'une tour basse où des hommes postés à cet effet sonnaient du cor jour et nuit pour avertir les navigateurs.

» La tour actuelle, commencée en 1583, n'a été achevée qu'en 1611. Elle eut pour premier architecte le célèbre Louis de Foix. Elle a eu besoin de diverses réparations en 1665, 1727, 1788 et 1808.

» Dès le seizième siècle, on avait substitué au son du cor des feux destinés à servir de signal aux navires; mais, en 1727, on s'aperçut que ces feux calcinaient le sommet de la tour, et on les remplaça par un fanal qui a reçu depuis divers perfectionnements.

» La hauteur de la tour de Cordouan est d'environ soixante-treize mètres. Le diamètre de la partie inférieure, qui sert de soubassement, est de quarante-deux mètres.

» L'édifice présente trois ordres d'architecture superposés : le premier, celui du rez-de-chaussée, est dorique, le second corinthien, et le troisième est composite.

» L'intérieur se compose de plusieurs pièces et d'une chapelle.

» Quatre gardiens y séjournent constamment pour veiller à l'exécution du foyer du phare. Ils y ont des vivres et des provisions pour six mois, car pendant une partie de l'année la communication est impossible avec la terre.

» Les feux tournants du phare de Cordouan peuvent être aperçus à plus de dix lieues en mer par un temps calme. »

Nous n'avons rien à ajouter à cette description dont il est loisible à nos lecteurs de vérifier l'exactitude, puisque l'un des bateaux à vapeur de la Compagnie Dumeau et Heyrim fait à des jours et à des heures déterminés le trajet de Royan au phare de Cordouan.

Tandis que le *Prince-Impérial* côtoyait en quelque sorte la rive gauche de la Gironde et déroulait sous nos yeux le tableau successif des sites les plus variés et les plus accidentés du Médoc; tandis que, par la pensée et, pour ainsi dire, à vol d'oiseau, nous explorions les rivages qui s'étendent jusqu'à la Pointe de Grave, ce cap des Tempêtes du golfe de Gascogne, nous ne voyions qu'à travers les chaudes brumes de l'été et presque à perte de vue les fertiles plaines et les fraîches vallées de la Saintonge, qui, à leur tour, brisent, dans une longue étendue, la ligne rocheuse de la rive droite, vers laquelle nous ramène insensiblement notre rapide steamer.

Le voisinage de la mer et l'affluence du flot donnent à cette partie du fleuve une immense surface et font pressentir l'approche de la ligne normale qui forme l'embouchure de la Gironde.

Mortagne (R. D.), dernière escale où s'arrête le *Prince-Impérial,* est un village dont les maisons blanches s'appuient d'une part sur la roche, et, de l'autre, s'étendent dans une étroite vallée. C'est une station peu importante. Son aspect n'a ni la vivacité, ni le mouvement des lieux charmants que nous avons admirés sur les bords opposés.

A partir de Mortagne, la ligne rocheuse se développe et se présente avec plus ou moins d'élévation. Sur les hauteurs, et à peu de distance les uns des autres, s'élèvent et se dressent des moulins à vent de forme conique. Leur nombre et le mouvement continu de leurs ailes sont l'indice certain de vastes champs où l'on cultive et où l'on récolte une partie des céréales que produit abondamment la Saintonge.

Un peu plus loin, placé dans les mêmes conditions de terrain que Mortagne, se trouve le village de Saint-Surin, sur le rivage duquel les gabares viennent opérer leur chargement, pour transporter dans un autre centre les produits de la contrée.

Viennent ensuite les pointes de Talmont et de Méchers.

A son extrémité la plus rapprochée de la mer, la première de ces pointes est surmontée de ruines dont les injures du temps respectent encore les restes. Ce sont les ruines de l'église de l'ancienne abbaye de Talmont, riche et puissante communauté d'où dépendaient, aux jours de sa splendeur et de sa prospérité, d'innombrables domaines. Il est à craindre qu'un jour, ces derniers débris de l'antique édifice ne s'écroulent totalement et ne roulent emportés par les forces combinées des flots furieux et de la tempête.

A la Pointe de Méchers succède celle de Suzac. C'est de cette dernière que part la ligne de démarcation officielle entre les eaux du fleuve et celles de l'Océan.

Ces diverses pointes sont, de côté et d'autre, les limites extrêmes de petites baies ou anses, dont les plages couvertes d'un sable fin et menu sont mises à découvert tant que dure le reflux de la mer.

Plus on approche de Royan, et plus l'aspect se modifie. Tantôt des grèves limitées dans leurs courbes gracieuses par une belle végétation, tantôt des falaises à pic ou déchirées par la tempête, varient le spectacle imposant dont on aime à considérer la variété.

De la Pointe de Suzac à celle de Vallière, l'œil découvre un des plus ravissants tableaux du long parcours que nous venons de faire, et qui nous a conduits de Bordeaux à la mer.

A l'extrémité de l'anse à demi circulaire qui se présente à nos yeux, apparaît une masse compacte d'arbres touffus et d'un vert sombre, au milieu desquels s'élève un joli phare, que de loin on pourrait croire être la tour quadrangulaire de quelque château gothique. Puis, si les regards se prolongent de ce point jusqu'à celui qui termine la courbe, ils sont charmés à la vue des chalets élégants, des jolies habitations formant un encadrement délicieux à cette moderne station balnéaire qu'on nomme Saint-Georges, et qui réunit aux avantages que Royan offre aux baigneurs le calme et la solitude que recherchent souvent ceux-ci. Saint-Georges devra sa prospérité à l'habile administration qui a su faire d'un pauvre village une résidence où l'on peut trouver à la fois la tranquillité de l'esprit et la santé du corps.

Nous atteignons le but de notre course marine. Nous doublons la Pointe de Vallière, dont les anfractuosités, les rocs titanesques, les arceaux déchirés, les voûtes suspendues et menaçantes frapperaient l'imagination de terreur, si le phare lumineux qui les domine ne rassurait les esprits tremblants à la pensée des affreuses éventualités qu'une mer orageuse et des vents déchaînés occasionneraient, dans ces terribles parages, aux navigateurs désorientés et poussés, la nuit, sur de semblables écueils.

Pour l'observateur, Étretat et Biarritz n'ont rien dans leurs falaises de plus gigantesque que les rocs de Vallière.

Mais Royan se développe dans toute sa pittoresque étendue. Nous abordons Royan !

ROYAN

Notre *Guide* n'a de parti pris ni envers les personnes, ni à l'égard des localités. Son but unique est de fournir aux voyageurs des indications exactes, des renseignements précis. On ne nous adressera jamais le reproche de nous livrer à des appréciations qui appartiennent bien plus au critique, qu'elles ne sont du domaine du narrateur consciencieux.

Nous sommes arrivés au terme de notre itinéraire.

De la Pointe de Vallière, nous découvrons enfin la ville de Royan, charmant amphithéâtre dont les maisons s'élèvent graduellement jusqu'à la cime d'un vaste coteau que domine de toute sa hauteur la tour de Malakoff, un des phares nombreux élevés pour éclairer la marche nocturne des navigateurs qui se rendent du golfe dans les eaux de la Gironde.

Il y a environ trente ans, Royan n'était encore qu'un petit port où flottaient les barques des pilotes côtiers et les gabares chargées des produits de la Saintonge; qu'une station maritime de peu d'importance, servant de refuge aux navires battus par la tempête, et où se rendaient les bateaux transportant des huîtres de Marennes, dont la consommation était alors abondante à Bordeaux et fort rare à Paris.

Mais, depuis cette dernière époque, Royan est devenu une station balnéaire de premier ordre. Chaque année voit augmenter le nombre des baigneurs qui viennent demander à ses rivages la fraîcheur de leurs brises et l'immersion salutaire de leurs flots.

Royan a ses amis et ses adversaires, ses apologistes et ses critiques, ses prôneurs et ses détracteurs. Si nous ne partageons pas l'engouement des uns, nous ne tenons nul compte des injustes préventions des autres.

Toutefois, nous ne pouvons nous dissimuler que ces dernières ont pris naissance dans la comparaison inconsidérée établie entre Royan et Arcachon, entre la création artificielle de l'un et le développement naturel de l'autre ; entre toutes les élégances d'une construction moderne et l'appropriation de sites immuables à la satisfaction des besoins impérieux que réclame la santé.

Arcachon doit tout à l'art, Royan tout à la nature. Entre ces deux stations balnéaires, point de rapprochement, de comparaison possibles.

Il serait superflu de décrire la ville de Royan. Elle ne renferme, à part le *Casino*, auquel nous consacrons un chapitre spécial, aucun monument, aucun édifice digne de remarque. Cependant son aspect tend de plus en plus à se transformer Dans les environs du port, du Casino et des anses auxquelles on donne le nom de *conches*, des habitations aux façades régulières et souvent élégantes ont remplacé les maisons anciennes dont on trouve de nombreux spécimens dans les autres quartiers.

Vue de Royan.

C'est surtout dans les maisons construites parallèlement à la promenade, plantée d'arbres et voisine du port, que cette transformation est sensible. Toutes ces maisons sont de construction moderne. Une très grande partie d'entre elles sont affectées à des hôtelleries dont les façades n'ont rien à envier aux meilleurs hôtels garnis des plus grandes villes. Ajoutons ceci : que leur proximité de la mer et du Casino les fait généralement rechercher. Elles offrent aux voyageurs, à des prix relativement modérés, des logements bien meublés et des tables bien servies. *L'Hôtel de Bordeaux*, le plus grand de tous, a, depuis longtemps, acquis une célébrité que chaque année il justifie de plus en plus et qu'il doit à l'élégance de ses appartements, à l'habileté qui préside à ses préparations culinaires et à l'excellence des vins que renferment ses caves.

Il serait injuste de ne pas placer au même rang les hôtels d'*Orléans*, de *France* et de *Paris*.

Les promenades de Royan ne se bornent pas à la jetée, toujours fréquentée au moment du départ et de l'arrivée des bateaux à vapeur de Bordeaux ; à la place plantée d'arbres, dont nous parlions à l'instant, et qu'occupent, durant la saison des bains, de jolies boutiques garnies d'objets curieux ou de friandises recherchées par les jeunes enfants ; enfin, à la large esplanade d'où l'on découvre l'immense horizon que présente l'Océan.

A peine au sortir de la ville se déploient de fertiles campagnes et de vastes étendues de bois de chênes verts et vigoureux que traversent les routes de Rochefort et de Saintes, et que parcourent, nombreuses et joyeuses, les cavalcades de baigneurs et de baigneuses parties de Royan.

Enfin, pour compléter ces renseignements sommaires, nous n'oublierons pas le voyage à Pontaillac, conche voisine de Royan, adoptée par la mode et dont la route est incessamment sillonnée par des voitures de toutes formes qui transportent les baigneurs aux heures où le flot et la marée sont les plus favorables aux bains et à la natation [1].

C'est ici l'occasion de signaler aux voyageurs et aux baigneurs l'excellente direction du service de santé organisé, à Royan, par M. le docteur Salmon. Nous ne connaissons que de réputation la science et l'habileté de cet honorable praticien, mais nous croirions manquer à notre devoir si nous ne nous faisions l'écho d'une partie des éloges adressés unanimement à son mérite et à son dévouement.

De toutes les distractions que présente Royan à ses hôtes passagers, aucunes ne sont mieux acceptées et plus recherchées que celles qui leur sont offertes par le Casino.

Nos lecteurs en jugeront s'ils veulent bien lire le chapitre qui termine cet ouvrage.

[1] Les *conches* sont de petites anses demi-circulaires formées par les eaux de la mer, et que fréquentent les baigneurs à la marée basse.

LE CASINO DE ROYAN

Il serait difficile de rêver un monument plus confortable et mieux approprié à sa destination que ne l'est le petit palais qu'on appelle le *Casino*.

Salle de bal spacieuse, nouvellement reconstruite, simplement et élégamment décorée. Son étendue, en longueur, est d'au moins vingt-cinq mètres ; en largeur, de dix mètres. Une belle galerie règne sur chacun des côtés du ravissant parallélogramme. Cette galerie est une garantie contre l'encombrement que l'ancienne construction ne pouvait éviter entre les curieux, les promeneurs et les danseurs. Grâce à cette heureuse innovation, les parures et les toilettes des dames sont à l'abri des irruptions inconvenantes et des chocs maladroits.

Deux grands salons de lecture : celui-ci, encombré de journaux et de brochures ; celui-là, étalant une foule de *Revues* de luxe, — où se trouvent les modèles de travaux si délicats, qu'ils semblent ne pouvoir être exécutés que par des mains de fées, et qui offrent en même temps, aux femmes élégantes, les renseignements les plus précis sur la mode du jour;

Un salon de conversation;

Un salon de parure et de toilette uniquement réservé aux dames;

Un salon de rafraîchissements;

Deux salles de jeu...

Le Casino est complet; rien n'a été oublié; rien ne manque. Tout, jusqu'à l'*indispensable*, y a été l'objet d'une scrupuleuse attention.

De toutes les stations balnéaires, il n'en est aucune qui ait su mieux réunir l'utile à l'agréable. Et quant aux hôtes du Casino, c'est partout fête, sourires et joyeuses causeries. Quand, aux mille feux des lustres et aux sons harmonieux d'un orchestre qui ne compte que des solistes de première force, tourbillonnent ces belles jeunes filles et ces belles jeunes femmes, rivalisant de grâce et d'élégance, le Casino se trouve alors véritablement transformé en une immense corbeille de fleurs animées, capricieusement posée par une main puissante et magique dans un massif de verdure.

Le *Parc du Casino* — dessiné à l'anglaise — est d'une végétation luxuriante; mille allées ombreuses et pleines de senteurs y serpentent en tous sens dans les vallons et sur le penchant de petites collines fort habilement ménagées. Les massifs y sont si épais, les fourrés si drus, que le soleil ne peut qu'avec peine parvenir de-ci de-là à donner un chaud baiser aux gazons fleuris.

A votre entrée, Polichinelle et Bambochinet — devenus à Royan *impresari* d'importance — vous accueillent joyeusement et vous font les honneurs de leur *Théâtre des Fan-*

toccini avec un chaleureux empressement et une bruyante courtoisie.

Les drames de la *Gaîté;* les comédies burlesques du *Palais-Royal;* les tragédies du *Théâtre-Français;* les pièces militaires de l'*Hippodrome,* revues, corrigées, augmentées ou diminuées par le grand, le merveilleux, l'incomparable Polichinelle, — vous sont tour à tour donnés, avec changements à vues, apothéoses et feux de bengale, par une troupe d'élite, chaque soir acclamée.

Puis, viennent le *Polyorama*, la *Fantasmagorie* animés... et que sais-je? encore !!!...

C'est à Royan qu'a été faite cette variante du refrain de *Cadet-Rousselle :*

Ah! ah! oui, vraiment,
Polichinelle est bon enfant!

Tout près du théâtre de Polichinelle, se trouve un gymnase couvert et complet, où les enfants peuvent, suivant leurs goûts, leurs forces et leur courage, préluder aux rudes et souvent périlleux exercices du marin et du sportsman.

Les mâts sont dressés; les échelles de corde flottent au vent; les chevaux de bois piaffent et hennissent *in petto*... *Corsaires* en herbe et jeunes *gentlemen-riders*, en avant!... les nourrices et les bonnes vous contemplent!...

On trouve encore dans le Parc :

Un Tir au pistolet et à la carabine;

Et un Établissement hydrothérapique grandement monté, avec salle de respiration d'eau de mer pulvérisée.

On y peut prendre des bains chauds à l'eau douce ou à l'eau de mer;

Lotions et frictions excitantes;

Bains hydrothérapiques par immersion ou affusion;

Douches générales en pluie, en poussière ou en cloche;

Douches locales fixes ou mobiles en jet, en poussière, en colonne, en lame, etc.;

Douches écossaises;

Bains de siége et bains de pieds à eau courante;

Bains de Barèges artificiels;

Bains aux sels naturels de Vichy;

Bains médicamenteux de toutes sortes;

Etc., etc.

Si, au sortir de cet établissement, vous faites quelques pas vers l'ouest, la terre vous manque...... le Parc finit où finit la terre, à la crête de la falaise.

Un viaduc en fonte, jeté sur la route de Pontaillac, fait communiquer le jardin avec une terrasse élevée sur la conche où se réunissent les baigneurs.

C'est de là que l'œil découvre un panorama vraiment merveilleux!... La mer, tour à tour caressante ou furieuse, et sillonnée sans cesse par les navires qui veulent gagner le large ou entrer en rivière, — la mer s'étend, immense, de vos pieds à l'horizon. A droite, la tour Malakoff, la tour de Cordouan, la Pointe de Grave; en face et à gauche, l'embouchure de la Gironde et la Pointe de Vallière, où la lame est en lutte perpétuelle avec les rochers noirs et crevassés qui, s'élevant à pic, sont creusés en grottes sonores, ou entassés, çà et là, comme les restes féeriques de monuments cyclopéens.

Le pinceau des Ziem, des Isabey et des Gudin pourrait — peut-être — rendre ce tableau; mais la plume est impuissante, et le grand poëte Michelet lui-même, — qui est venu s'inspirer sur ce coin de terre privilégié et y ébaucher son poëme de *La Mer*, — Michelet ne saurait donner qu'une image fort affaiblie des merveilles dont la nature s'est montrée prodigue envers Royan.

Le Parc du Casino semble avoir été, depuis longtemps, destiné à devenir ce que nous le voyons aujourd'hui : un lieu de courtoise réunion et de joyeux amusements.

Il y a de cela une trentaine d'années, un riche Anglais, — on dit toujours d'un Anglais qu'il est riche, — possédait une vigne entre Royan et la mer. Le moment des vendanges venu, notre Anglais convoquait le ban et l'arrière-ban des jeunes garçons et des jeunes filles de la ville. Personne ne manquait à l'appel, et vendangeurs badins et vendangeuses folâtres allaient avec empressement s'ébattre, durant la journée, parmi lés ceps, comme un essaim de chevreuils affolés.

Puis, au soleil couchant, la troupe enamourée venait sauter, gambader et s'ébaudir encore autour des tonnes et dans le cottage de ce petit domaine, où les grappilleurs trouvaient toujours un abondant butin, car les amoureux sont de très mauvais vendangeurs.

Cet *enclos*, acheté par une Société d'actionnaires presque tous royannais, forme aujourd'hui l'enceinte, le *Parc* du Casino. La maisonnette a fait place à un petit palais; les pieds de vigne ont disparu, mais... il y a toujours des amoureux, et on y danse tous les soirs, pendant la saison des eaux.

Des chanteurs parisiens, — ceux qu'on appelle *les Étoiles*, — viennent, de temps à autre, emprunter l'accompagnement de l'orchestre admirablement conduit par Marx, et donner un nouvel éclat aux fêtes musicales que préside cet habile compositeur et qu'exécutent, avec tant de talent, les excellents artistes qui, pour les plaisirs des baigneurs royannais, se sont rangés sous son magique archet.

Et le joli bal des enfants, tant goûté par les mères!

Et le grand bal du samedi, étincelant de feux, de gracieuses parures, de diamants et de fleurs!

Quelle heureuse et charmante fondation que le Casino de Royan!

NOTE

SUR LA CLASSIFICATION DES VINS DE BORDEAUX

Présenter une classification complète et exacte des vins de Bordeaux, dans un ouvrage tel que celui-ci, serait une tâche aussi longue que difficile, quand d'ailleurs il existe un livre qui a traité cette matière avec tous les développements qu'exigeait son étendue. Ce travail abonde en utiles renseignements, en recherches nombreuses, en statistiques intéressantes; il a laissé loin, derrière lui, toutes les publications qui ont pris pour sujet les vins de Bordeaux. C'est un devoir pour nous d'en recommander la lecture et l'étude à tous ceux qui veulent se rendre un compte fidèle des riches produits viticoles de la Gironde [1].

[1] *Traité des Vins de Bordeaux*, par William Franck; édition de 1865. Chez Chaumas, éditeur, cours du Chapeau-Rouge, Bordeaux.

D'une autre part, les courtiers en vin de la place de Bordeaux ont confié à leur chambre syndicale le soin de rédiger une classification officielle. Ce document existe, et nous le signalons encore à l'attention publique.

Cependant, sans prétendre leur attacher une importance qu'elles ne sauraient avoir en présence des recommandations que nous venons de faire, quelques observations trouvent ici leur place. En les émettant, nous remplissons l'engagement contracté par nous au début de ce livre.

C'est donc simplement à titre de renseignements officieux que nous présentons, non une classification radicale des meilleurs crûs bordelais, mais une citation faite d'après l'ordre de mérite qui leur est généralement attribué.

Les vignobles du Médoc, pour les vins rouges; les vignobles de Sauternes, pour les vins blancs, — tiennent la tête de tous les grands vins bordelais; on les désigne comme *premiers crûs;* leur renommée est universelle.

Nous avons, dans notre itinéraire, indiqué les limites du territoire du Médoc; toute répétition serait surperflue. Néanmoins, nous devons ajouter que le territoire connu sous le nom de *Haut-Brion*, et situé dans les graves de Pessac, est classé en quatrième ordre dans les premiers crûs, quoique ses vins n'atteignent pas toujours le prix des trois autres.

Voici donc le classement établi par l'usage :

PREMIERS CRUS

(Vins rouges)

Château-Lafite......	**appartenant**	**à M.**	**S. Scott.**
Château-Margaux.....	**—**	**à M.**	**Aguado.**
Château-Latour.......	**—**	**à MM.**	**de Beaumont. de Courtivron. de Flers.**
Haut-Brion.........	**—**	**à M.**	**Larrieu.**

DEUXIÈMES CRUS

Mouton.............	appartenant à M.	de Rothschild.
Léoville............	— à MM.	de Lascazes. de Poyféré. H. Barton.
Rauzan-Ségala........	— à M.	de Castelpers.
Rauzan-Gassies......	— à M.	de Viguerie.
Durfort-Vivens.......	— à	divers.
Gruau-Larose........	— à	divers.
Lascombes..........	— à Mlle	Hue.
De Brane............	— à M.	le baron de Brane.
Pichon-Longueville. ..	— à M.	le baron de Pichon.
Cos-d'Estournel......	— à M.	Martyns.

Outre ces premiers crûs, le territoire bordelais produit des vins rouges d'une moins haute qualité, mais qui, relativement, jouissent d'une grande considération. Beaucoup de vignobles situés entre la Garonne et la Dordogne, et qui produisent des vins auxquels, par antonymie, on a donné le nom de *vins d'Entre-deux-Mers*, fournissent d'excellents produits.

Les vins de Saint-Émilion, commune dépendant de l'arrondissement de Libourne, sont aussi très renommés.

Les grands vins blancs sont récoltés dans les communes de Sauternes, de Bommes, de Barsac et de Preignac.

Ceux qui sont tirés de la première de ces communes surpassent en qualité tous les vins blancs.

Voici comment l'usage a établi leur classification :

PREMIERS CRUS

(Vins blancs)

Yquem.........	appartenant	à M. de Lur-Saluces (Sauternes).
Pichard-Lafaurie.	—	à M. Saint-Rieul-Dupouy (Bommes).
La Tour-Blanche.	—	à divers (Bommes).

Le Vigneau..... appartenant à M. de Pontac (Bommes).
Guiraud........ — à M. Bernard (Sauternes).
Sudirant........ — à M. Guilhot (Preignac).

On se fera une idée de la valeur de ces fameux vins, quand on saura que, tout récemment, le domaine de Pichard-Lafaurie a vendu sa récolte de 1862 au prix de 5,000 fr. le tonneau.

SERVICE DES BATEAUX A VAPEUR

DU BAS DE LA RIVIÈRE

Service d'été, du 1er mars au 30 septembre

Pauillac

Départs de Bordeaux à 7 heures du matin et à 3 heures de l'après-midi.

Départs de Pauillac à 6 heures du matin et à 2 heures de l'après-midi.

Royan

Juillet, août et septembre. — Départs de Bordeaux tous les jours, à 8 heures du matin.

Départs de Royan tous les jours, de 6 à 10 heures du matin, suivant la marée.

Ce service dessert les escales de Blaye, de Pauillac et de Mortagne.

Pendant les mois d'août et de septembre, un service supplémentaire, à grande vitesse, est organisé.

Un bateau part de Bordeaux tous les samedis dans l'après-midi et repart de Royan le lundi matin; les voyageurs sont rendus à Bordeaux à 9 heures du matin.

Service d'hiver, du 1er octobre au 28 février

Pauillac

Départs de Bordeaux à 8 heures du matin et à 2 heures de l'après-midi.

Départs de Pauillac à 7 heures du matin et à 1 heure de l'après-midi.

Ce service dessert toutes les escales.

Royan

Départs de Bordeaux les mardis, jeudis et samedis, à 8 heures du matin, pendant les mois de mars, avril, mai et juin ; à partir du 1er octobre jusqu'au 28 février, le départ de Bordeaux a lieu à 9 heures du matin.

Départs de Royan les mercredis, jeudis et dimanches de 6 heures à 10 heures du matin, suivant la marée.

Ce service dessert les escales de Blaye, Pauillac et Mortagne.

PRIX DES PRINCIPALES ESCALES DE BORDEAUX A ROYAN

ESCALES	PREMIÈRES	DEUXIÈMES
De Bordeaux à Bassens, Lagrange ou Ambès........	1f »	» 50
— à Macau ou Bec-d'Ambès............	1 25	» 75
— à toutes les Escales de La Roque........	1 50	1 »
— à Plassac ou Blaye................	2	1 25
— à Beychevelle ou Pauillac............	2 50	1 50
— à Mortagne ou Royan...............	5 »	3 »

TABLE DES MATIÈRES

N. B. — Une interversion dans l'ordre de la mise en pages doit être signalée ici :

Immédiatement à la suite de l'alinéa du folio 96, qui se termine par ces mots : *la curieuse légende de cette antique construction,* il faut se reporter à la page 99 et à l'alinéa commençant ainsi : *Bassens (R.-D.)*; continuer la lecture jusqu'à la fin de la sixième ligne de la page 102, retourner au folio 96, lire depuis la quinzième ligne à partir des mots : *Mais le Prince-Impérial* — jusqu'à la fin de l'alinéa terminé ainsi : *ce vaste et sublime tableau ;* puis, enfin, reprendre la lecture au folio 102 et à l'alinéa dont les premiers mots sont : *Cependant le Prince-Impérial,* etc.

Par son ordre de pagination, la table des matières indique au lecteur cette erreur, qui disparaîtra dans une prochaine édition.

Pages

ERRATUM. — Page 125, deuxième ligne du troisième alinéa (*Le Verdon*), au lieu de : *rive* DROITE, lisez : *rive* GAUCHE.

GLAND DOUX D'ESPAGNE

QUATRE MÉDAILLES D'HONNEUR

—

Avenue de Paris, 124
A LA BASTIDE
BORDEAUX

—

QUATRE MÉDAILLES D'HONNEUR

—

Avenue de Paris, 124
A LA BASTIDE
BORDEAUX

—

G^de^ COUSSIN

Fabricant, Lauréat et Membre correspondant de plusieurs Sociétés savantes.

Après avoir acquis la certitude que les poudres de Gland qu'on trouve dans le commerce ne contiennent pas un atome de Gland doux, je suis venu sur les lieux de production fabriquer un produit qui contient 8 grammes de Tannin par paquet de 250 grammes. La chimie démontre que le Tannin, principe actif et salutaire du Gland doux, est le véritable contre-poison des champignons, en ce qu'il précipite l'albumine, la gélatine et la mucose, dans lesquelles se développe le venin des cèpes, ce que ne peuvent pas faire les poudres de nos concurrents. Le Tannin de Gland doux, en précipitant les matières muqueuses, albumineuses ou gélatineuses, si abondantes chez les cholériques, les empêche de s'accumuler dans l'estomac, de s'y corrompre par un trop long séjour, et de passer en partie dans le sang, pour y porter le poison épidémique connu sous le nom de choléra. Comme tonique et fortifiant, l'usage du vrai Gland doux resserre les textures des tissus vivants, les rend plus solides, donne de la fermeté aux chairs trop molles des personnes lymphatiques, relève et augmente graduellement les forces chez les vieillards, les convalescents, les enfants et les personnes faibles ou épuisées par les excès de travail, etc. Comme anti-glaireux, le Tannin du Gland doux se combinant avec le suc gastrique précipite la surabondance des humeurs et les fait évacuer par les voies digestives, facilite la transmission du chyme dans le réservoir du chyle pour y être transformé en sang, prévient les nombreuses maladies qui dérivent de la bile et dégorge les bronches, lesquelles s'obstruant facilement chez les vieillards, occasionnent les asthmes, catarrhes, etc. Comme conservateur de la blancheur de la peau, le Tannin, en précipitant la surabondance des sucs biliaires chez les personnes bilieuses, empêche une partie de ces sucs de passer dans la masse du sang, où leur présence donnerait une couleur plus foncée à la peau et ternirait cette candeur de blanc mat qui sied si bien au beau sexe.

Prix : 1 fr. le demi-kilog. pour le consommateur. — Dépôt chez les principaux droguistes et épiciers de France et de l'Étranger.

BAINS DE MER DE ROYAN

GRAND HOTEL DE PARIS

TENU PAR

JEANTY MASSOU

Belle position sur la promenade principale, en face le débarcadère des bateaux à vapeur de Bordeaux et près le Casino ; chambres et appartements meublés ; restaurant de premier ordre. Cet hôtel, rendez-vous de la bonne société, se recommande aux étrangers par tout le confortable que l'on doit désirer et les attentions les plus empressées de la part des chefs et des domestiques de l'établissement. Les familles y sont traitées à des conditions aussi avantageuses que dans les maisons particulières, et ont l'immense avantage de ne pas avoir à s'occuper, soit de l'entretien de leur appartement, soit du service de la table, et dès lors leur séjour dans cette charmante station maritime est consacré tout entier au plaisir et au repos.

www.ingramcontent.com/pod-product-compliance
Lightning Source LLC
Chambersburg PA
CBHW052053090426
42739CB00010B/2163
* 9 7 8 2 0 1 2 5 4 7 9 3 3 *